킹덤
처치

킹덤처치

초판 1쇄 | 2017년 8월 18일
초판 2쇄 | 2017년 9월 8일
개정 1쇄 | 2024년 6월 20일

지 은 이 | 이종필
펴 낸 이 | 이한민
펴 낸 곳 | 아르카

등록번호 | 제307-2017-18호
등록일자 | 2017년 3월 22일
주   소 | 서울 성북구 숭인로2길 61 길음동부센트레빌 106-1805
전   화 | 010-9510-7383
이 메 일 | arca_pub@naver.com
블 로 그 | arca_pub.blog.me
페이스북 | fb.me/ARCApulishing

책   값 | 뒤표지에 있습니다
I S B N | 979-11-89393-37-0 03230

아르카ARCA는 기독출판사이며 방주ARK의 라틴어입니다(창 6:15).
네가 만들 방주는 이러하니 … 새가 그 종류대로, 가축이 그 종류대로,
땅에 기는 모든 것이 그 종류대로 각기 둘씩 네게로 나아오리니 그 생명을 보존하게 하라 _창 6:15,20

아르카는 (사)한국기독출판협회 회원 출판사입니다.

킹덤
처치

신앙과 삶의 일치로
하나님나라를 구현하는 도시교회

이종필 지음

아르카

하나님나라의 복음으로 교회를 개척하여 그 이야기를 담은 책이 출간된다는 소식을 저자로부터 들었을 때 얼마나 기뻤는지 모른다. 나 역시 하나님나라의 복음을 신학과 사역의 기초로 삼고, 교회를 세우고 이끌고 있기 때문이다.

이 책에는 하나님나라 복음으로 이 시대의 교회 개척과 갱신을 시도한 한 목사요 신학도의 연구와 실험이 가득 차 있다. 자신이 확신한 진리를 우리가 살고 있는 도시 속에서 구현하려 한 그의 '신학하기'는 모든 목회자가 배워야 할 부분이다. 이 실험과 시도가 끝난 것이 아니고 아직 초기 단계이기에, '킹덤처치'가 현재까지에 이른 여정을 넘어서서, 신학적으로나 실제적으로 더욱 온전하여져 좋은 사례(a good case)를 만들어내기를 응원하며 기대한다.

김형국 나들목교회 담임목사, 하나복DNA네트워크 대표

교회가 한계 상황에 도달했습니다. 존재감이 하나도 없습니다. 이것은 교회를 다니는 신자나 교회 밖의 사람들이나 모두 인정하는 사실입니다. 심각한 상황이지요. 안타까운 마음에 이런저런 대안이나 목소리들을 중구난방 쏟아내고 있지만 코마 상태에 있는 교회를 각성케 하거나 깨우지 못하고 있습니다. 그 이유는, 제시되는 여러 대안들이 교회를 둘러싸고 있는 더 큰 구조인 '시대와 도시'를 읽는 눈이 너무나 피상적이고 가볍기 때문이고, 거기에다 성경의 중심사상이 무엇인지에 대한 이해가 현저하게 부족하기 때문입니다. 얼마 전에 도시 교회를 위한 제법 균형 있는 대안이 미국의 팀 켈러가 쓴 《센터처치》를 통해 제시되었습니다만, 그 책은 미국의 상황 속에서 제시된 방법론이기에 이 땅의 도시 교회에 적용하기는 명확한 한계를 지닙니다.

이번에 이종필 목사님께서 신구약을 관통하는 하나님나라의 신학을 기초로 하여 한국 교회를 향해 신선한 대안을 제시했습니다. 바로 《킹덤처치》입니다. 이 목사님의 목소리에 귀를 기울여야 하는 이유가 몇 가지 있습니다. 일차적으로 그는 우리가 살고 있는 시대와 도시를 정확하게 분석하고 있습니다. 나아가 자신의 경험을 간증 형식의 주관적 고백으로 표현하지 않고, 그 귀한 경험들을 하나님 나라의 신학 안에서 체계적으로 정리하고 있기 때문입니다. 한마디로 '텍스트'와 '콘텍스트'를 제대로 연결시키고 있는 것이지요. 교회가 무엇인지, 목회의 본질이 무엇인지를 고민하는 분들이라면 무조건 이 책을 읽으십시오. 기존의 시각에서는 보기 어려웠던 목회적 통찰과 대안을 얻을 뿐 아니라, 성경을 보는 안목도 풍성하고 깊어질 것입니다.

김관성 낮은담침례교회 담임목사

한국에서 교회를 개척하여 자리를 잡기는 어렵다고 합니다. 실제로 100개의 개척교회 중 2개의 교회가 살아남는다고 합니다. 그만큼 개척하여 살아남기가 어려운 시대에 살고 있습니다. 그런데, 그런 시대적 상황 속에서도 불구하고 세상의빛교회 이종필 목사님은 개척교회가 가장 살아남기 힘든 강남에 개척하여 건강한 교회 공동체의 모델을 제시하고 있습니다. 불광불급(미치지 않으면 미치지 않는다)이라 하였는데, 이종필 목사님은 도심 속에서 빛을 발하기 위해 누구보다 선명한 목회 철학과 방향을 가지고 열심히 목회하였고, 그래서 각 성도가 복음을 통해 하나님나라에 미치도록 하고 있습니다.

특별히 이종필 목사님은 아버님의 목회를 통해, 그리고 초대형 교회에서 목회 수련을 하던 중 '조국 교회는 어떠해야 하는가?'라는 고민을 누구보다 많이 하며 바른 목회에 대한 가슴앓이를 하였습니다. 그런 고심과 고통을 통해 잉태하고 출산한《킹덤처치》책은 앞으로 교회를 개척할 신학도와 이미 개척한 목회자에게 많은 인사이트를 주며 목회 로드맵과 내비게이션 역할을 할 것입니다. 늘 신실히 하나님나라 확장을 위해 강의와 저술로 목회자를 깨우기 위해 노고를 아끼지 않고 불철주야 섬기는 이종필 목사님에게 머리 숙여 감사드립니다.

김영한 품는교회 담임목사

나는 종교개혁 500주년을 맞이하여 종교개혁정신을 이야기하는 데는 아무런 이의를 달고 싶지 않지만, 500주년 기념 논문들과 세미나들이 우후죽순처럼 열리는 이야기를 들으면서, 아쉽게도 주로 종교개혁정신이 무엇이었느냐는 원론적 이야기들이 주를 이루고 있음이 내심 아쉬웠다. 오늘 우리에게 관건은 종교개혁정신이 무엇이었느냐 하는 데 있지 않고, 종교개혁정신을 지금 여기서 우리가 어떻게 우리 교회와 삶 가운데 구체적으로 적용하고 실천해낼 수 있느냐는 데 있기 때문이다. 그러던 가운데 이종필 목사의 《킹덤처치》가 출간된다는 소식을 듣고 책을 읽기도 전에 반가운 마음이 들었다. 이종필 목사는 하나님나라를 구현하겠다는 일념을 가지고, 개척은 더 이상 안 된다던 2006년에, 그것도 21세기 욕망 공화국이라는 강남 한복판에서 개혁적인 교회를 세워보겠다고 실험한 모험적이고 도전적인 목회자이기 때문이다.

그동안 교회의 모습이 어떠했는지 궁금하던 차에 읽게 된 《킹덤처치》는 이제 12살이 된 교회의 구체적인 교회 실험 일지이자 이종필 목사의 목회 초반 자서전이다. 책의 부제처럼 '신앙과 삶의 일치를 통해 하나님나라를 구현하는 도시 교회'를 꿈꾸는 목회자들과 신학생들에게는 위로와 도전이 되는 글이라 아니 할 수 없다. 추상적인 교회론을 담은 연구서가 아니라 이론적 지식과 현장의 경험이 녹아 있는 실천적 교회론이다. 뿐만 아니라 종교개혁의 정신으로 도시 한복판에서 젊은 세대에게 복음을 전하기를 원하는 분들에게는 좋은 안내서가 될 수 있기에 기쁨으로 적극 추천하는 바이다.

김지찬 총신대학교 신학대학원 교수

하나님나라 신학과 운동이 거론되고 주목받은 지는 꽤 오래 되었습니다. 하지만 주로 신학자들이 이 하나님나라 신학과 운동의 담론을 이끌어왔습니다. 하나님나라 신학이 지금 여기의 교회 현장에 도대체 어떻게 적용되는지, 밑바닥에서부터 어떻게 그리스도의 몸 된 공동체를 세울 수 있는

지와 같은 구체적이고 실천적인 각론은 찾기 힘들었습니다.

이종필 목사님의《킹덤처치》는 21세기의 도시 상황에서 고색창연한 하나님나라의 신학이 어떻게 펼쳐질 수 있는가라는 화급한 주제의 신중한 해설서이자 생생한 현장보고서이며 친절한 안내서입니다. 새로운 교회 운동이 간절히 필요함을 알면서도, 이론뿐 아니라 실천에서도 서구 기독교의 사례를 외부자로서 관찰하는 데 그쳤던 아쉬움을 느꼈다면,《킹덤처치》는 이전의 막연함과 모호함을 말끔히 걷어줄 것입니다.

김선일 웨스트민스터대학원대학교 교수

오늘날 교회의 위기는 복음을 축소시키고 왜곡시킨 데 기인한다. 이종필 목사는 총체적인 복음, 특별히 하나님의 나라와 그분의 통치의 복음을 중심으로 오늘날 새롭게 부상하는 세대들로 하여금 복음에 합당한 삶을 살도록 이끄는 사역을 해왔다.《킹덤처치》는 그의 사역을 집대성한 책이다. 심층적인 성서 해석을 통해, 그리고 앞장서서 실천하는 모습을 통해 오늘날 하나님나라의 시민으로서 사는 것이 어떠한 것인지 분명히 드러내고자 전심을 다하는, 그의 사역을 집대성한 이 책에 주목하자. 하나님나라를 맛보고 증거하는 일을 통해서 차세대 속에서 복음의 능력이 누룩처럼 번져가게 될 줄로 믿는다.

장남혁 서울장신대학교 교수

CONTENTS

한국 교회는
종교 개혁의 후예인가?

거스를 수 없는 시대의 흐름

오래 전 캐나다 밴쿠버에 간 김에 리젠트 신학교(Regent Coll-ege) 안에 있는 서점에 들렀다. 유명한 신학자 알리스터 맥그래스(Alister McGrath)의 책이 눈에 띄었다. 《Christianity's Dangerous Idea》. 표지만 보고 이단에 관한 책인 줄 알았다. 책을 읽어보니 저자는 종교개혁과 그 후의 개신교 운동 자체가 모든 그리스도인이 성경을 해석할 권리를 가지고 있다고 주장하는 '위험한 새 사상'(New Dangerous Idea)이라고 말하고 있었다. 그리고 그 사상은 옳고 그름을 떠나 통제할 수 없는 사상이었다고도 말한다.

15세기 인쇄술의 발달과 더불어 자국어로 성경이 번역되어 사제들 말고도 많은 사람이 성경을 읽을 수 있게 되면서, 종교개혁 시대의 역행할 수 없는 흐름은 거대한 파도가 되어 걷잡을 수 없이 퍼져 나갔다.

사실 종교개혁은 반대했던 사람들의 예상처럼 종교적 대혼란과 사회 분열을 야기했다. 많은 전쟁이 일어났고 많은 사람이 희생되었다. 종교개혁은 이전까지 성경을 독점적으로 해석할 권리를 부여받았던 권위를 붕괴시켰고, 이는 기독교 신앙에 혼란을 줄 뿐 아니라 교회를 분열시키고 이단을 양산하기도 했다.

하지만 중요한 것은, 예상되는 위험에도 불구하고 개혁에 대한 시대적 요구를 막을 수 없었다는 것이다. 성경과 멀어진 교회의 윤리적 타락상을 보았을 때, 개혁의 요구를 막는다는 것은 하나님을 대적하는 것이기도 했다.

16세기에는 성경을 벗어난 교회의 타락이라는 시대적 현상이 분명했다. 계몽되어가는 교회 구성원은 더 이상 그 현상을 받아들일 만큼 우매하지도 순진하지도 않았다. 그렇게 역행할 수 없는 시대 흐름을 따라 종교개혁은 현실이 되었고, 성경으로 돌아간 새로운 교회가 탄생했다. 지금 개신교인은 그 후예다.

종교개혁 후예의 이율배반

개신교의 다양한 교단에 소속돼 있는 우리는 기존의 권위를 무너트리고 성경을 재해석함으로써, 기독교가 나아갈 방향을 다시 설정하려는 종교개혁과 그 결과로서 등장한 개신교의 후예라는 정체성을 가지고 있다. 우리가 가진 개신교 사상과 믿음은 때로는 기존 권위에 도전하는 위험한 사상이다. 하지만 전적으로 타락한 우리가 만들어낸 교회의 왜곡된 모습을 성경이 말한 대로 다시 되돌려놓을 수 있는 위대한 사상이기도 하다.

그러나 지금 우리는 '성경으로 항상 스스로를 개혁해야 한다'는 종교개혁 정체성을 가진 한국 개신교회가 스스로 개혁을 가로막고, 개신교 500년의 전통과 150년도 되지 않은 한국 교회의 전통을 지키려 혈안이 된 상황을 목도하고 있다. 우리가 보고 있는 '개혁을 막고 있는 종교개혁 후예들의 이율배반'은 역사에 기록될 아이러니 중 아이러니다.

한국 교회 안에 개혁의 목소리가 높아진 지 오래 되었다. 변화의 요구가 빗발친다. 다양한 변명과 그동안 한국 교회가 행한 수많은 선한 업적에도 불구하고, 한국 교회에 문제가 있다는 것은 부인할 수 없는 사실이다. 한국 교회가 심각한 질병에 걸려 교회의 역할을 감당하기 힘들어졌다는 인식은 교회 내부의 젊은층과 지식인층은 물론 한국 교회가 복음을 전해야 할 한국 사회에까지 일반 상식이 되었다.

과거에는 감출 수 있었던 교회 안의 적폐들이 다양한 미디어와 SNS를 통해 급속히 퍼지고 있다. 때로는 감추는 것이 더 은혜롭겠지만, 우리의 바람과 상관없이 은폐는 사실상 불가능해졌다.

성도들의 성경에 대한 지식과 해석의 욕구는 500년 전보다 더 커졌다. 성경과 신학 지식은 상당해지고 있다. 빈약한 신학적 기반

킹덤처치

을 가진 종교 운동으로는 성도들에게 복음을 확신시키고 교회에
출석하게 하는 것이 힘들어졌다. 1990년대부터 상용화된 인터넷
을 바탕으로 SNS와 다수의 1인 미디어 같은 이른바 내로우캐스팅
(Narrowcasting)이 급속하게 발전했는데, 이는 500년 전 인쇄술의
발달과 더불어 나타난 '개인들의 계몽'과 궤를 같이 하고 있다. 이
사회적 흐름은 무엇으로도 막을 수 없다. 이것이 아직 현실로 느껴
지지 않는 교회도 있을 것이다. 하지만 머지않아 모든 교회가 실감
할 것이고, 그때는 대처하기 힘들 것이다.

종교개혁의 본모습으로 돌아가자

500년 전 종교개혁을 반대하던 사람들의 주장처럼 이 시대의
개혁도 많은 혼란과 분열을 야기한다. 희생도 많이 따를 것이다. 가
슴 아픈 일까지 감수해야 할 것이다. 이런 것을 좋아할 사람은 아무
도 없다. 우리 대부분은 번영을 유지하기를 좋아한다. 하지만 우리
는 교회의 타락이라는 분명한 현실 앞에 직면해 있다.

악한 권위와 잘못된 구조에 기꺼이 도전하도록 대중을 북돋우는
포스트모던 사회를 살아가면서 이미 '모든 것(?)을 알아버린' 미래
세대는 더 이상 현실을 묵고하지만은 않을 것이다. 그 현실은 이미
거센 파도가 되어 교회의 문턱까지 밀려들었다. 우리는 거대한 변
화의 쓰나미가 몰려오는 것을 눈으로 보고 있다.

우리는 종교개혁의 후예로서, 이제 다시 종교개혁의 정신으로
돌아가야 하지 않을까? 부패한 우리에 의한 교회의 타락이 성경으

로 개혁돼야 할 시점이 되었다. 우리는 종교개혁 후예들의 이율배반에서 벗어나 새로운 교회 운동을 모색해야 할 사명을 갖게 될 것이다.

이 시대 우리의 유일한 대안은 기존의 권위를 넘어 성경을 따라 교회의 타락을 바로잡으려 했던 종교개혁정신 그 자체다. 종교개혁자들은 당시 교회의 윤리적 문제(면죄부 판매와 베드로 성당 건축을 통해 드러난 물질에 대한 욕망)의 근원이었던 신학적 문제(연옥과 보속에 대한 가르침, 지옥에 가지 않기 위한 행위 강조 등을 통한 은혜의 왜곡)를 성경과 씨름하며 바로 잡고, 그 신학적 토대 위에서 교회의 방향성을 재설정했다.

마찬가지로 우리는 500년 전 개혁을 기치로 분리되었으나, 이미 문제가 심각해진 이 시대 개신교회의 윤리적 문제(성도들과 성직자들의 타락과 교회의 이익집단화, 신앙과 삶의 불일치)와 그 문제의 근원인 신학적 문제(기복주의와 윤리 없는 구원의 확신에 의한 은혜의 왜곡, 하나님나라와 복음의 결별)를 성경과 씨름할 시점에 도달했다.

한국 교회가 종교개혁의 후예로서 복음을 안다는 교만을 버리고 다시 성경과 씨름하며, 복음에 근거하여 스스로를 개혁하길 소망한다. 그렇게 교회의 방향성을 새롭게 설정하길 기대한다. 우리에게는 비판 자체가 아니라, 비판을 넘어서 성경과 상황에 대한 치열한 고민을 통해 나오는 실천적 대안이 필요하다.

잃어버린 교회의 소망을 되찾으려

나는 그동안 올바른 신학적 토대 위에서 복음을 다시 이해하기 위한 노력으로 성경과 학자들의 의견을 공부하는 데 많은 시간을 쏟았다. 성경 전체로부터 총체적 복음을 선포하기 위해《하나님나라 관점으로 구약관통》과《하나님나라 관점으로 신약관통》(이상 넥서스CROSS)을 발간했고, 성도들에게 기독교 신앙을 총체적으로 양육하기 위한 노력으로《하나님나라 제자훈련》(목양)을 냈다. 여전히 실험 중이고 다양한 고민에 직면하고 있지만, 이런 노력을 통해 문제의 핵심에 도달하여 대안을 찾으려 힘쓰고 있다. 하지만 무엇보다도 대안을 찾기 위한 가장 중요한 시도는 2005년 시무하던 교회와 사랑하는 영혼들에게서 나 자신을 분리시켜, 교회를 개척한 일이다.

새로 개척된 교회는 내가 담임목사임에도 불구하고 모든 것이 낯설어 춥게 느껴지는 교회였다. 나는 너무 젊은 나이에 갑작스런 부르심으로 모든 사람의 불신의 시선을 받으며 도시 한 복판에 던져졌다. 대안이 있었던 것도 아니다. 다만 대안을 찾으려는 간절한 마음이 있었고, 대안을 실험해볼 수 있는 장이 펼쳐져 있었다.

내가 교회를 개척하게 된 것은 전적으로 하나님의 부르심이었지만, 그 어려운 과정을 견딜 수 있었던 것은 무엇보다 교회에 대한 소망을 잃어버린 나 자신을 치유하기 위함이었다. 또한 이 세상의 유일한 소망이 교회라는 신념을 유지하며 예수 안에서 행복하게 살아가기 위한 방법을 찾기 위함이었다.

12년이 지났다. 이제 〈도심 지역에서의 건강한 교회 개척〉이라는 제목으로 풀러신학교 목회학 박사 논문으로 제출했던 글을 다듬어, 좀 더 건강한 교회를 위한 신학적 대안과 교회의 실천적 대안을 소개하려 한다. 사랑하는 세상의빛교회 동역자들, 글을 수정하는 데 지대한 도움을 준 채송희 목사, 궂은 일을 도맡아준 상종 형제, 사랑하는 가족, 교회에 대한 답을 찾는 데 도움을 주신 부모님, 여러 신학자와 목회자들에게 진심을 다해 감사를 전한다. 또한 절묘한 인연으로 어려운 작업을 함께 한 아르카 이한민 대표에게도 심심한 감사를 표한다. 종교개혁 500주년을 맞이하는 즈음에 부디 이 책이 수많은 개혁의 시도들 중 하나로 인정받아 작은 디딤돌이 되길 소망하며.

도시 한복판 킹덤 목회 현장에서
이종필 목사

하나님나라 복음을
구현하는 교회

관행이 아닌 복음으로 돌아가자

2017년은 종교개혁 500주년을 기념하는 해이다. 하지만 종교 개혁은 500년 전에 끝난 것이 아니다. 칼빈의 '전적 타락'을 인정 하든 인정하지 않든, 우리는 여전히 어떤 영적 세력에 의해서가 아 니라, 바로 타락한 우리 자신에 의해 교회가 타락할 수 있음을 인정 해야 한다. 그리고 여전히 '개혁된 교회는 계속 개혁되어야 한다'는 종교개혁의 슬로건을 붙들어야 한다.

지금 한국 교회는 500년 전 종교개혁이 일어난 당시와 유사한 상황이라는 주장이 많다. 손봉호 교수는 한국 개신교가 역사상 가

---

* 월간 교회성장, 교회성장연구소, 종교개혁500주년 기념, 저자의 글.

장 타락했다고 주장했다.* 그의 주장이 얼마나 적절한지 여부를 떠나 지금 한국 교회가 종교개혁의 정신을 되새겨야 하는 것은 분명하다. 일부 교회와 목회자의 문제겠지만, 현재 한국 교회 안에 재정과 관련된 문제들, 허위 학력이나 논문 표절, 성추문 같은 윤리적 문제가 심각하다. 또한 목회자들의 말씀 선포와 관련한 비판이 끊이지 않고 있다. 소위 한국 교회의 신학적 빈곤과 그로 인한 강단의 문제도 심각하다.**

루터가 성경에 근거하여, 종교개혁 3대 논문을 통해 중세 가톨릭교회의 교황과 사제들의 문제들을 개혁하자고 제안하고(독일 크리스천 귀족에서 보내는 글), 성례전의 의식에 갇혀 있던 교회를 비판하고(교회의 바벨론 포로), 진정으로 변화된 삶을 살아가는 그리스도인이 되자고 제안했던 것처럼(크리스천의 자유), 우리는 한국 교회의 전통 안에 있는 여러 관행을 답습하지 말고 다시 복음으로 돌아가야 한다. 그러자면 먼저 복음이 무엇인지 재정립해야 한다. 나아가 복음의 도구로서의 교회가 무엇인지도 재정의해야 한다. 그래야만 교회가 나아가야 할 방향이 세워지리라 믿는다.

복음은 간단하지 않다

복음은 예수를 통해 성취되는 하나님나라에 대한 소식이다. 따

---

* 시사저널 2011년 2월 28일자, 커버스토리의 손봉호 교수와의 인터뷰를 보라.
** 이 문제에 대해 많은 자료들이 있지만 대표적인 것으로 한국 교회 개혁의 길을 묻다, 김세윤 외 19명. 서울: 새물결플러스, 2013. 1장을 참고하라.

라서 복음은 하나님나라의 개념에서 이해되어야 한다.* 복음은 하나님의 아들 예수 그리스도를 통해 하나님나라가 이 땅에 임한다는 소식이다. 하나님나라에 대한 소식이기 때문에, 복음은 예수의 십자가와 부활의 소식에서 시작하되 하나님의 통치(하나님나라) 개념 안에서 정리되어야 한다. 복음은 '예수를 믿으면 죄가 사해져 내세에 천국에 간다'는 식으로 간단히 요약될 수 없다.

예수께서는 갈릴리에서 공생애를 시작하시면서 '하나님나라'를 선포하셨다.

> 요한이 잡힌 후 예수께서 갈릴리에 오셔서 하나님의 복음을 전파하여 이르시되 때가 찼고 하나님의 나라가 가까이 왔으니 회개하고 복음을 믿으라 하시더라 _막 1:14,15

복음의 핵심은 예수께서 선포하신 대로 하나님께서 통치하실 나라다. 사도들이 '죽으시고 부활하신 예수의 소식'을 복음으로 전한 이유는 예수를 통해 하나님의 구원, 즉 하나님나라가 성취될 것이기 때문이었다.

> 형제들아 내가 너희에게 전한 복음을 너희에게 알게 하노니 … 내가 받은 것을 먼저 너희에게 전하였노니 이는 성경대로 그리스도께서 우리 죄를

---

* 이 내용에 대한 간단한 요약은 크리스천투데이 2016년 4월 18일자 '칭의는 성화와 병행어이자 윤리와 통합체'라는 기사를 참고하라. 자세한 내용은 김세윤의 복음이란 무엇인가(두란노:2013)를 참고하라.

위하여 죽으시고 장사 지낸 바 되셨다가 성경대로 사흘 만에 다시 살아나

사 _고전 15:1-4

즉 복음은 예수께서 우리를 위해 죽으시고 부활하심으로, 그를 믿는 자들에게 하나님이 통치하시는 새로운 세상이 실현된다는 소식인 것이다.

성경이 온몸으로 증거하는 소식

이 세상은 하나님께서 창조하시고 다스리시는 복된 세상이었다(창 1:28). 하지만 인간이 하나님의 통치를 거부하고 반역함으로, 마땅히 있어야 할 하나님의 복이 없는 사탄의 나라가 되고 말았다. 아담 이후 인류는 스스로 하나님이 되어 자신의 욕망대로 살아가며 하나님의 복을 누리지 못하는 삶을 살아가게 되었다. 이 절망적인 상황을 벗어날 길도 스스로 찾을 수 없게 되었다.

이같이 하나님이 그 사람을 쫓아내시고 에덴동산 동쪽에 그룹들과 두루 도는 불칼을 두어 생명나무의 길을 지키게 하시니라 _창 3:24

따라서 인류에게는 위로부터 하나님나라에 대한 좋은 소식, 곧 복음이 필요하게 되었다. 그러므로 이 복음은 하나님의 통치를 거부하고 복을 잃어버린 세상에서 살아가는 우리를 예수 그리스도를 통해 구원하여, 하나님의 복이 충만한, 전혀 새로운 삶을 살아갈 수

있도록 하는 능력의 소식이다.

> 내가 복음을 부끄러워하지 아니하노니 이 복음은 모든 믿는 자에게 구원
> 을 주시는 하나님의 능력이 됨이라 _롬 1:16

복음은 이 세상에서 새로운 삶을 살아가게 할 뿐만 아니라, 잃어
버린 미래의 소망과 내세까지 하나님의 복을 보장하는 유일한 좋
은 소식이다. 이 복음은 하나님께서 통치하시는 전혀 새로운 나라
가 우리에게 올 것이라는 예언과, 그 소식을 이루실 메시야에 대한
예언으로서 구약에 이미 계시되었다.

> 좋은 소식을 전하며 평화를 공포하며 복된 좋은 소식을 가져오며 구원을
> 공포하며 시온을 향하여 이르기를 네 하나님이 통치하신다 하는 자의 산
> 을 넘는 발이 어찌 그리 아름다운가 _사 52:7

> 내가 또 밤 환상 중에 보니 인자 같은 이가 하늘 구름을 타고 와서 옛적부터
> 항상 계신 이에게 나아가 그 앞으로 인도되매 그에게 권세와 영광과 나라
> 를 주고 모든 백성과 나라들과 다른 언어를 말하는 모든 자들이 그를 섬기
> 게 하였으니 그의 권세는 소멸되지 아니하는 영원한 권세요 그의 나라는
> 멸망하지 아니할 것이니라 _단 7:13,14

그래서 바울은 복음이 이미 구약에서 선지자들을 통해 계시된

하나님의 아들에 대한 소식이라고 말한다.

> 이 복음은 하나님이 선지자들을 통하여 그의 아들에 관하여 성경에 미리
> 약속하신 것이라 _롬 1:2

성경 전체는 이 하나님나라의 복음을 일관되게 증거하고 있다. 이 복음이 '하나님나라'를 성취하시는 예수님을 주로 고백하고, 하나님나라의 영생을 누리는 새로운 삶을 살아가도록 우리를 초청하고 있다.

교회를 하나님나라 관점으로 설명한다면

헤르만 리델보스는 하나님나라가 신약과 구약을 넘나들며 하나님의 구원 사역을 요약하고 확증하는 하나님의 언약사상이나, 죄인이 믿음으로 의롭다함을 얻는다는 칭의사상보다 더 광범위하고 포괄적인 개념이라고 주장한다.*

필자는 성경이 제시하고 예수의 사역에 의해 성취된 하나님나라 개념이 인류를 향한 하나님의 구원을 포괄적으로 설명하는 유일한 개념이며, 동시에 다른 모든 사상들, 언약사상과 칭의사상을 포함하는 광범위하며 보편적인 개념이라는 것에 동의한다. 하나님나라는 성경의 모든 사상을 포괄하여 하나님께서 인류를 위해 제시하는 하나님의 구원 사역 모두를 설명하는 가장 중요한 개념이자, 복

---

* H. Ridderbos, *하나님나라* (오광만 역, 솔로몬 : 2009), 63.

음 자체이다.

우리가 복음을 예수 그리스도를 통해 성취되는 하나님나라에 대한 소식이라고 정의한다면, 교회도 하나님나라의 관점에서 설명되어야 할 것이다. 제일 먼저 관심을 가져야 할 것은 하나님나라(헬라어로 바실레이아)와 교회(헬라어로 에클레시아)와의 관계이다.*

예수께서 선포하신 복음이 하나님나라(바실레이아)였다는 사실(마 4:17), 예수께서 하나님나라를 계속해서 선포하고 가르치셨다는 사실, 제자들이 자신을 하나님의 대권을 위임받는 메시야로 고백했을 때 예수께서 교회를 언급하셨다는 사실(마 16:18), (그리고 예수께서 자신의 죽음과 부활로 자신이 선포하신 하나님나라를 성취하신 이후) 예수께서 죽음 이전에 계속 약속하신 성령(요 14-16장)에 의해 예수의 하나님나라의 복음이 예수의 죽음과 부활 사역과 연관되어 전파된 후 엄청나게 폭발적으로 교회가 생겨났다는 사실(행 2:38-41)을 고려한다면, 교회란 비록 불완전하지만 하나님나라가 가시적으로 구현되는 공동체이며, 예수께서 선포하신 하나님나라의 복음을 통하여 온 세상에 하나님나라가 구현되게 하는 도구라는 사실이 분명해진다.

레슬리 뉴비긴은 교회를 천국의 맛을 보는 것, 천국의 도구, 하나님의 통치의 표지로 설명했는데, 하나님나라와 교회의 관계를 염두에 둘 때 매우 옳은 지적이라고 할 수 있다.**

---

* Ridderbos, 하나님나라, 432-461을 참고하라.
** Lesslie Newbigin, 오픈 시크릿, 홍병룡 역 (서울: 복있는사람, 2012), 196.

하나님나라를 가시적으로 구현하는 공동체가 바로 교회다. 이 세상 속에서 교회는 결코 하나님나라는 아니지만, 하나님의 구원 사역의 결과이자 목적인 하나님나라가 교회를 통해 가시적으로 구현된다. 하나님나라가 가시적으로 구현되는 공동체인 교회의 구성원은 그 안에서 하나님나라를 맛본다. 미리 체험하는 것이다. 그리고 세상에 하나님나라를 드러낸다.

교회는 늘 눈에 보이지 않는 하나님나라를 가시적으로 구현하는 공동체여야 한다. 교회 공동체 안에 있는 구성원은 인격적으로 성령의 인도하심에 순종하여 하나님의 통치를 구체적으로 실현하고, 하나님의 통치가 실현되는 곳에 나타나는 왕 되신 하나님나라의 평강(샬롬)을 맛보아야 한다(시 72:1-6).

나아가 교회 공동체는, 돈과 권세와 이기적 욕망이 지배함으로써 가진 자도 갖지 못한 자도 평강을 누리지 못하며 늘 다툼과 분쟁이 끊이지 않는 세상 나라를 몰아내고, 자신의 탐욕을 십자가에 모두 못 박고 하나님의 통치를 실현하여, 교회의 구성원뿐만 아니라 아직 믿지 않는 자들에게까지 희락과 평강을 나누는 하나님나라가 구현되도록 해야 한다(마 5:13-16). 교회가 하나님나라를 가시적으로 구현할 때, 교회는 진정으로 세상을 다스리게 된다(엡 1:20-23, 3:8-10).

복음을 구현하는 교회를 시도해보자
필자는 세 교회에서 10년 정도 부교역자 생활을 하고, 2006년 서초동에서 교회를 개척했다. 구체적인 계획을 뚜렷이 세운 것은 아니었지만, 하나님나라를 구현하는 교회를 세우려는 열망은 있었다. 우선 하나님나라의 복음을 구현하는 관점으로 교회의 모든 전통에 대해 고민했다. 주일에 두 번 진행되는 소위 '대예배'와 '찬양예배'에서부터 예배의 순서, 새벽기도회, 금요철야, 구역(속회)예배, 성례, 성가대, 헌금, 단기선교, 소그룹, 주일학교 프로그램, 찬양팀, 점심식사, 교회의 장의자까지 내 고민의 대상이었다. 고민의 내용은 '이 모든 전통이 과연 복음을 구현하고 세상에 하나님나라의 복음을 흘려보내고 있는가?'였다.

교회는 아브라함에게 약속하신 "아브라함은 강대한 나라(민족, 공동체)가 되고 천하만민(세상의 모든 민족들)은 그로 말미암아 복을 받게 될 것이 아니냐"(창세기 18:18)는 약속을 실현해나가는 예수 그리스도의 공동체이다. 세상에 하나님나라의 복을 흘려보내는 역할을 해야 하는 교회가 그 역할을 하지 못하게 되었다면 답을 찾아야 한다. 새로운 교회에 대한 고민을 해야 하는 것이다.

역사적으로 수도원 운동, 종교개혁자들의 운동, 17세기 경건주의 운동, 20세기 오순절 운동 등은 사실 교회라는 '새로운 복음의 함수'에 대한 고민이었다. 수학의 함수가 무엇을 대입하면 무엇이 나오는 것이어야 하듯, 교회가 복음의 함수라면, 사람이 교회에 들어오면 그리스도인이 되어야 하는 것이다. 그러나 현실은 과연 그러한가?

어떤 좋은 전통도 시간이 지나면 새로운 시대를 살아가는 사람들에게는 의미 없는 형식이 될 수 있다. 예수님 시대의 바리새인도 에스라 이후에 생긴 율법 연구 전통의 산물로 볼 수 있다. 그들은 세상에 하나님나라를 성취하시는 여호와 신앙을 왜곡하여 안식일 준수, 금식, 십일조, 정결예식 등을 지키는 민족주의적 율법주의 신앙을 만들어냈다.

한국 교회가 주일성수, 새벽기도 등에 열심히 참석하고, 십일조, 주초금지 등에 순종하는 소극적 율법주의로 기독교 신앙을 변질시키지 않았는지 돌아봐야 한다. 한국 교회가 현재 사회의 저항과 도전을 받고 있는 까닭은 전통을 새롭게 계승하는 교회가 필요하다는 사회적 요구로 보아야 한다.

필자는 개혁적인 새로운 교회를 위한 성경적 근거를 연구하고 소수의 개척 멤버와 공유하는 일에 수많은 시간을 보내야 했다. 새로운 교회는 나 혼자 이루는 것이 아니고, 하나님나라를 소망하는 성도들이 공동체를 이뤄야 가능한 것이기 때문이다. 따라서 성도들과 더불어 예배를 포함한 모든 프로그램이 하나님나라의 복음을 구현하는 교회의 철학을 실현하는 것인지 여부를 하나하나 점검하고 실험하며 정착시켰다. 가장 소중한 일은 교회의 모든 사역을 통해 하나님의 통치를 성도 각자의 삶에 실현시키는 것이었고, 그렇게 된 성도들이 세상을 회복하시는 하나님의 선교에 동참하는 일이었다.* 이런 과정에서 교회는 조금씩 성장했고, 하나님나라의 통치가 나타나는 성도들의 삶과 사역에서 열매를 맺게 되었다.

---

* 필자가 사용하는 '하나님의 선교' 개념은 크리스토퍼 라이트의 하나님의 선교(IVP)에 드러나 있다.

필자가 섬기는 세상의빛교회에서 하나님나라를 구현하는 관점에서 연구하고 정착시킨 몇 가지 핵심 프로그램을 이 책 본문에서 소개한다(후략)

1부
——
도시에 꽃핀
킹덤처치

01

호랑이 굴에 들어가기

호랑이 굴에 왜 들어갔을까?

교회를 개척하고 은사님을 찾아뵈었다. 강남에 교회를 개척하게 된 과정을 말씀드렸다. 다 들으신 은사님께서 한 마디 하셨다.

"호랑이 굴에 들어갔구만!"

호랑이굴이란 큰 교회들이 즐비한 강남을 의미하는 것이 분명했다. 그렇게 생각해 보니 멀지 않은 곳에 꽤 많은 대형교회와 규모 있는 교회들이 이미 사역하고 있는 곳에서 교회를 시작했었던 것이다.

나는 왜 호랑이 굴에 들어갔을까? 개척 전후로 주변의 많은 목회자들이 신도시에 교회를 개척하는 것이 좋을 것이라고 권했다. 그렇지만 나는 호랑이 굴에 들어왔고, 지금도 사역하고 있다. 나는 왜 그렇게 해야 했는가?

오랜 전통을 가진 대형 교회들이 이미 자리 잡은 한국의 도시에서 교회를 개척한다는 것은 무슨 의미가 있는가? 이 문제에 대해 고민해보지 않고 강남에서 교회를 시작하는 일은 불가능했다.

교회 개척에서 가장 중요한 것은 성경적인 동시에 시대를 품는 사역에 대한 소명을 받아, 자신의 지역에서 사역하는 비전을 세우는 일이다. 그리고 그 사역의 비전을 구현하는 교회를 세우기 위해 목회자가 가진 자원을 가지고 어떤 방식으로 사역할지 결정하는 것이다.*

나는 1995년 병역의 의무를 마치고 전역했다. 나에게 군복무는 어렸을 때부터 마음에 새겨주신 복음 전파의 소명을 받아들이고 목회자가 되기로 결심하는 기간이었다. 성경과 교회에 대해 잘 모르는 철부지였지만, 아버지가 시무하시던 교회에서 주일학교를 맡아 신학교도 들어가지 않았을 때 전도사 사역을 시작하게 되었다.

나의 아버지는 30대 초반에 전재산을 하나님께 바쳐 교회를 개척하시고, 평생 교회가 없거나 문을 닫을 위기에 처한 경기도 여러 지역을 다니며 교회를 여럿 개척하셨다. 그 아버지께서 마지막 사역하신 교회에, 아버지를 도와야 하는 예비 신학생으로서 자연스럽게 목회에 발을 들여놓았다. 아버지를 따라 교회 생활을 한 나는 한 교회밖에 모르고, 복음이나 사역에 대한 고민도 크게 없이, 그저 맡겨진 일에 열심을 다하는 일개 신학생이었다.

---

* 이종필, "나의 목회 철학, 세상의빛교회", 월간목회, 2014년 12월호, 112-115를 참고하라.

교회의 현실을 마주하다

내가 교회의 현실과 맞닥뜨리게 된 것은 신학대학원 1학년 말에 아버지의 교회를 떠나 서울에서 대학생들을 양육하기 시작하면서 부터다. 그 후 7년 동안 서울의 두 대형교회를 섬기며 복음에 대해, 복음 전파의 결과물이며 도구인 교회에 대해 본격적으로 고민하며 배우기 시작했다.

1998년에서 2005년까지 주로 젊은이를 대상으로 사역했다. 말씀을 전하고 함께 기도하며 이웃을 섬기는 사역은 나를 늘 흥분시켰다. 나는 정말 열심히 사역했다. 두 교회에서 보낸 7년은 행복했고, 젊은이들과 함께 삶을 나누는 시간이었다. 동시에 그 시간은 '교회'에 대해 깊이 고민한 시간이었다. 사역을 하면 행복했지만, 교회의 현실을 보면 고뇌했다. 나는 복음 사역의 방향과 목적을 고민하게 되었다. 교회는 사회에서 점점 신뢰를 잃어가고 있었고, 교회가 전하는 복음은 능력이 없어 보였다. 아니, 교회가 전하는 것이 복음인가 의심하게 되었다.

내가 처음 사역하던 교회는 분쟁이 끊이지 않았고, 세상 언론은 그 교회의 문제를 보도했다. 나는 복음을 전하는 교회에서 왜 분쟁이 계속되는지, 예수를 믿는다는 교회의 지도자들과 성도들이 왜 권력과 돈을 위해 다투는지(적어도 내 눈에는 그렇게 보였다) 이유를 찾기 시작했다. 나는 고민하러 교회에 간 것이 아니었는데, 교회가 전하는 복음에 대해, 그리고 그 결과물인 교회에 대해 고민하지 않을 수 없었다.

그 시기에 나의 사역 대상이었던 젊은이들은 무엇보다 교회의 도덕적 문제에 민감했다. 그들은 교회의 문제들 때문에 매우 비판적으로 변해갔으며, 많은 이들이 교회를 떠났다. 교회에 남은 사람들도 복음에 대한 아무런 기대 없이 회의적으로 변해갔다. 복음을 전하는 진정한 교사로서의 목회자와 교회에 신뢰와 존경을 보내는 성도는 매우 적었다. 교회는 이미 교회에 오래 다니며 중직을 맡아온 성도들로만 채워지고 젊은이의 비율은 점점 줄었다. 교회 안에서 교회다운 모습을 찾기 힘들었다.

고민하고 또 고민했다. 무엇이 문제일까? 목회자들도 열심을 다해 목회하고, 성도들도 열정을 다해 헌신하는데, 왜 교회는 세상으로부터 신뢰를 받지 못하는 것일까? 왜 교회는 젊은 세대를 회의적으로 변해가게 만드는 것일까? 그 교회에서 나와 다른 교회로 사역지를 옮기고도 쉽게 답을 찾지 못했다. 호랑이 굴에 들어가게 된 것은 이런 문제들에 대해 답을 찾아야 한다는 소명의식에 대한 고뇌 어린 순종의 반응이었다.

복음이 말하는 대로 행동하지 않는 그리스도인

풀러신학교 총장 마크 래버튼은 오늘날 미국 교회는 물론 한국 교회도 사회로부터의 비판과 성도의 감소로 위기감이 높은데, 이 위기의 본질은 복음이 말하는 대로 행동하지 않는 그리스도인의 삶 때문이라고 지적했다.* 기독교 신앙은 궁극적으로 하나님나라,

---

* 박민균, "신행 불일치가 교회위기의 본질 실천 못하면 복음 땅 속에 묻혀", 기독신문, 2014년 11월 4일자.

즉 예수 그리스도를 통해 이 세상을 하나님께서 다스리시는 세상으로 회복시키는 유일한 복음이다. 복음의 결과물인 교회는 성도들의 삶을 통해, 공동체의 존재 방식을 통해 세상의 다른 모임과 차별성이 있어야 한다.

세상에 큰 권세를 가지고 많은 신도를 확보한 종교는 많다. 이단들도 큰 교세를 자랑한다. 교회가 규모 면에서 성장하는 것도 중요하지만, 기독교 신앙의 결과물인 교회는 무엇보다 하나님나라의 질서가 드러나는 곳이어야 한다. 만약 그렇지 않다면 교회는 새로운 교회 운동을 시작해야 한다. 교회가 규모 면에서도 성장해야겠지만, 교회의 본질은 규모가 아니다. 교회의 본질은 하나님께서 다스리시는 개인의 삶과 공동체의 존재 방식이며, 세상에서 소금과 빛의 역할을 하는 것이다.

교회에 대해 조금씩 알아가던 나는 여러 자료를 접하게 되었다. 공교롭게도 내가 사역을 시작했던 1995년은 한국에서 기독교 인구가 정체하기 시작한 시기였다는 것을 알게 되었다. 그리고 기독교 인구가 정체되며 젊은 세대에게 외면받기 시작한 이유가 성도들의 삶 때문이라는 것도 알게 되었다. 교회의 존재 방식이 세상의 신뢰를 받지 못하기 때문이라는 것이 사역의 현장에서 분명해졌다. 이것은 개인의 고민에서 멈출 수 없는 문제였고, 내 미래 목회 사역의 강력한 동기가 되었다.

몇몇 교회는 엄청나게 부흥하는데 한국 교회 전체가 감소하고 있다면 그것은 더 심각한 일이 아닐 수 없었다. 원인을 찾아야만 했다. 마음속에 구체화되지 않았지만, 새로운 교회 운동이 필요하다는 확신이 들기 시작했다.

이런 고민을 안고 사역하던 가운데 한 설문조사가 눈에 들어왔다. 한국 교회의 문제가 무엇인지 조사한 그 설문에서 1위를 차지한 항목은 '신앙과 삶의 불일치'였다. 이것은 내 삶에 던져진 목회의 중심 주제가 되었다. 많은 사람들이 신앙과 삶의 불일치를 느끼고 있다는 것을 깨달은 것이었다.

사람들이 보는 기독교의 가장 큰 문제는 신앙과 삶의 불일치다.* '신앙과 삶의 불일치'는 기독교인이 아닌 사람의 관점에서 볼 때 그들이 기대하는 수준에 훨씬 미치지 못하는 삶을 살아가는 기독교인에 대한 실망일 것이다. 동시에 기독교 신앙을 가진 사람들의 측면에서 볼 때, 다른 그리스도인의 위선적이고 이중적인 태도에 대한 불만일 것이다. 나는 이 문제를 해결하기 위해 뭐라도 해야겠다는 생각에 몰입하기 시작했다. 나는 교회를 개척하면서 '신앙과 삶의 일치'라는 모토를 제시했다. 여러 설문조사 결과를 통해 과제를 설정한 것이다. 이 문제를 해결하지 않는다면 사회로부터 외면당하는 교회는 생명력을 잃어버릴 뿐 아니라 소금과 빛의 역할을 감당하지 못할 것이며, 결국 생존마저 위태롭게 될 것이라는 확신이 강해졌다. 이 문제를 해결하지 않고서는 현재 교회를 다니고 있는

---

* 서화동, "한목협, 목사 500명 설문 '신자 78%는 신앙과 삶 일치하지 않아'" 한국경제신문, 2013년 5월 31일자. 한국기독교목회자협의회(한목협대표회장 전병금 목사)가 글로벌리서치에 의뢰해 목회자 500명을 대상으로 조사한 결과, '교인들의 삶과 신앙생활이 어느 정도 일치한다고 생각하느냐'는 질문에 13.0%는 '일치하는 편'이라고 답한 반면 '별로 일치하지 않는다' 78.6%, '전혀 일치하지 않는다'는 응답이 8.4%였다. 또한 목회자의 자신이 '신앙과 삶이 일치한다'는 응답은 2.6%에 불과했다.

성도들도 불행할 뿐 아니라, 교회 밖에서 기독교 신앙을 거부하고 있는 사람들에게 기독교를 복음으로 제시할 수 없다고 보았기 때문이다. 유혹이 강한 세상을 살아가는 교회 내부의 젊은 세대에게 복음에 대한 변증도 할 수 없을 것이다.

새로운 교회 운동의 모토 : 신앙과 삶의 일치

예수께서는 우리가 교회를 다님으로써가 아니라, 우리가 서로 사랑함으로써 모든 사람이 우리를 주님의 제자로 인식할 것이라고 말씀하셨다. 신앙과 삶이 같아야 한다는 뜻일 게다.

> 새 계명을 너희에게 주노니 서로 사랑하라 내가 너희를 사랑한 것 같이 너
> 희도 서로 사랑하라 너희가 서로 사랑하면 이로써 모든 사람이 너희가 내
> 제자인 줄 알리라 _요13:34,35

신앙과 삶의 일치는 이 시대 교회가 세상에 복음을 전하기 위한 토대다. 이것은 복음의 미래를 위해, 또한 복음을 품고 있는 교회의 미래를 위해 현실적으로 가장 중요한 문제다. 레슬리 뉴비긴은 '복음에 대한 유일한 해석은 복음을 믿고 복음에 의거해 살아가는 남녀로 구성된 회중'이라고 말했다.* 복음을 받아들인 회중인 교회(삶의 내용)가 입증하지 못하는 복음(신앙의 내용)의 문제는 이 시대가 극복해야 할 가장 중요한 문제인 것이다.

---

* Lesslie Newbigin, *다원주의 사회에서의 복음*, 홍병룡 역 (서울: IVP, 2007), 419.

신앙과 삶의 불일치는 현실적으로 교회의 미래를 위한 가장 심각한 문제이며, 동시에 "교회가 전하는 복음이 진리인가?"라는 도전을 야기한다. 하나님께서 다스리시는 새로운 삶, 예수께서 머리되신 새로운 존재 방식이 없다면 교회는 복음이 없는 수많은 종교집단이나 사회의 이익집단과 다를 것이 없다. 신앙과 삶의 불일치는 교회가 전하는 복음(신앙의 내용)이 교회 공동체의 구성원들에게 정확히 이해되고 실천되지 못한다는 것을 의미하며, 교회 밖의 사람들이 복음의 내용에 아예 귀를 닫게 만든다. 내가 이 문제를 오래 고민하던 중에 탄생시킨 개념어가 바로 '킹덤처치'였다. 복음을 믿고 하나님의 통치를 회복하며, 하나님나라를 누리는 공동체가 바로 킹덤처치인 것이다.

'신앙과 삶의 불일치'라는 시대적 화두에 대한 답변은 하나님나라(하나님의 통치)의 복음과 아무 상관이 없는 것처럼 보이는 교회로부터 탈피하여 하나님나라(Kingdom)를 구현하는 것이다. 이 사명을 킹덤처치로 구체화하여 교회 속에 실현하는 것이 나의 사명으로 다가왔다.

신앙과 삶의 일치가 가능하려면

킹덤처치는 하나님나라를 구현하는 가시적 공동체다. 교회는 공동체 구성원의 삶의 방식을 통해 세상에 하나님나라를 드러낸다. 하나님나라는 종교적 형식이나 샤머니즘적 제의, 타오르는 신앙적 열정으로 구현되는 것이 아니다. 하나님나라 백성의 정체성으로 무장한 백성이 이 땅의 삶의 현장에서 말씀을 통해 성령으로 역사하시는 하나님의 통치를 따라 살아갈 때, 하나님나라가 세상 사람들에게 보여진다. 이것은 성경적 세계관의 양육과 삶의 방식의 변화에 대한 지속적 훈련으로 가능해진다.

신앙과 삶의 일치는 하나님나라 가치관을 수용한 하나님의 백성이 그 가치관을 따라 살아가는 삶의 경건을 훈련할 때 비로소 가능하다. 교회 공동체가 하나님나라를 구현하기 위해 힘쓸 때, 교회 공동체의 구성원은 신앙과 삶의 일치를 경험할 수 있다. 신앙과 삶의 일치를 이루는 것은 이 세상의 방식을 따르지 않는 새로운 삶의 방식을 세상에 드러냄으로써 하나님께 영광을 돌릴 뿐 아니라, 하나님의 복이 이 세상에 드러나게 하며, 하나님을 전하는 복음 전파의 방식이 된다(마 5:13-16, 요 15:1-12).

세상의빛교회는 이러한 시대적 사명을 가지고 탄생하게 되었다. '신앙과 삶의 일치'라는 시대적 사명이 발생한 현장, 호랑이가 즐비한 바로 그곳에서 시작된 것이다.

02

도시 교회의 4대 비전

4대 비전 : 도시·미래·선교·복지

세상의빛교회는 '신앙과 삶의 일치'라는 시대적 사명의 불씨를 지피기 위해 도시, 미래, 선교, 복지라는 네 개의 비전을 설정했다.

첫째는 도시 비전으로서, 세속화된 도시에서 복음으로 소통하며, 이웃을 사랑하는 삶을 훈련한 건강한 신앙인의 공동체를 이루는 것이다.

둘째는 미래 비전으로서, 공동체 구성원을 사회에 건강한 영향력을 미치는 빛과 소금의 역할을 하는 미래의 지도자로 양육하는 것이다.

셋째는 선교, 넷째는 복지의 비전이다. 이것은 도시 속에 형성된 건강한 공동체 구성원이 사회에 건강한 영향력을 미치는 미래의 지도자로 양육되었을 때의 결과이기도 하며, 공동체를 세우고 구성원을 양육하려는 목적이기도 하다. 나는 복음을 전파하는 사명을 선교라는 단어로, 이웃을 섬기는 사명을 복지라는 단어로 표현했을 뿐이다. 내 의도는 선교와 복지를 통해 이 땅에 하나님나라를 구현하려는 것이다. 이 네 가지 비전에 대해 좀 더 구체적으로 설명해본다.

첫째, 도시 속에 건강한 공동체 세우기

도시 안에는 서로 진실하게 소통하며 삶을 훈련할 수 있는 공동체가 필요하다. 신앙과 삶을 일치하는 삶이 훈련되지 않은 성도와 목회자들로 인해 생기는 사회의 불신을 해결하기 위해, 혼자 살아가는 사람들이 급속도로 늘어가는 도시를 치유하기 위해, 무엇보다 복음으로 도시가 회복되기 위해서도 진정한 공동체가 절실히 필요하다.

지금까지의 교회는 복음을 전해 신앙을 고백하게 함으로 교회를 수적으로 성장시키는 것에 치중돼 있었다. 기독교 공동체를 세워가는 일에 관심을 기울이지 못했다. 세상 속에서 소금과 빛이 되라고 외쳤지만, 결과적으로 교회가 성도들을 그렇게 훈련시키기보다 숫자적으로 부흥(?)하고 교회를 건축하는 일에 힘을 더 써왔다. 이원론적 신앙의 영향으로 불신자들을 교회로 인도해 세례받게 하고 교회 잘 다니는 교인을 만드는 것이 목표인 경우가 많았다.

그러나 새로운 교회 운동으로서의 킹덤처치는 하나님나라의 복음 안에서 하나님의 통치가 회복된 삶을 살아가며, 신앙과 삶을 일치시키는 진실한 마음으로 세상과 소통하는 건강한 공동체를 목표로 한다. 이런 모델은 사실 성경에 이미 소개돼 있다. 바로 초대교회다. 초대교회는 도시 속에 세워진 건강한 공동체였다.

> 믿는 사람이 다 함께 있어 모든 물건을 서로 통용하고 또 재산과 소유를 팔아 각 사람의 필요를 따라 나눠 주며 날마다 마음을 같이하여 성전에 모이기를 힘쓰고 집에서 떡을 떼며 기쁨과 순전한 마음으로 음식을 먹고 하나님을 찬미하며 또 온 백성에게 칭송을 받으니 주께서 구원 받는 사람을 날마다 더하게 하시니라 _행 2:44-47

사도행전에 기록된 초대교회는 예수를 주로 고백하고 하나님의 통치 속에서 이웃을 사랑하는 공동체였다. 교회가 교인수를 늘려 수적으로 성장하는 것과 교회 공동체 안에 진정한 그리스도인의 숫자가 늘어가는 것은 별개의 문제다. 교회가 건강한 공동체의 기반 위에 있어야 수적 성장은 의미를 가질 수 있고 지속될 수 있다.

지금 한국 교회는 삶을 나누며 소통하지 않아도 되는 대형화된 교회로 수평이동이 가속화되고 있다. 많은 성도들은 간섭받지 않고 훈련되지 않으면서 종교적 의무를 만족시킬 수 있는 교회를 찾고 있다. 이것은 내세적 구원관의 부작용이다. 죽어서 천국은 가야겠고, 기독교 신앙에서 현실의 답을 찾기는 어렵기 때문에 나타나는 현상이다.

안타깝게도 많은 교회들이 그런 교회로 변모하기를 꾀하고 있다. 그렇게 하면 단기적으로는 사람을 교회로 모을 수 있고 개교회가 성장하는 데 도움을 줄 수 있을지 모른다. 하지만 신앙과 삶의 불일치 현상을 가속화시키고, 장기적으로는 교회가 사회로부터 외면 받는 결과를 초래할 것이다.

세상의빛교회는 킹덤처치로서 도시 속의 건강한 공동체를 추구하면서 시작됐다. 모든 성도들이 소그룹에 참여해 주일예배의 말씀을 기반으로 삶을 나누도록 훈련했다. 삶을 텍스트로 삼을 때 삶이 변화될 수 있다는 신념의 표현이었다. 그러나 쉽지 않은 일이었다. 부담을 느껴 이탈한 사람도 여럿 있었다. 자신의 삶을 오픈하고 나누는 데 익숙하지 않아 나눔이 성경 토론으로 빠지는 경우도 있었다. 하지만 삶을 나누도록 계속 독려했다.

동시에, 양육 시간을 통해 왜 삶을 소통하는 공동체를 이뤄야 하는지에 대한 성경적 근거를 모든 성도와 공유했다. 소그룹 리더들과 지속적으로 만나며 소통의 문제를 나누고 해결책을 모색했다. 그 결과 대부분의 성도들이 삶이 변화되고 공동체로 존재하는 것을 기뻐하는 교회가 되어갔다.

둘째, 세상을 하나님나라로 회복하는 미래의 지도자 세우기

킹덤처치는 이 세상을 회복하기 위해 주님께서 친히 세우신 영적 기관이다. 구약 시대에는 하나님께서 천하 만민에게 복을 주시기 위해 이스라엘을 택하셨던 것처럼, 예수님이 오신 이후 하나님은 많은 이들을 선택하여 하나님나라의 사명을 맡기셨다. 교회와 세상의 미래를 위해 지도자를 세우신 것이다. 따라서 교회는 오늘날에도 세상에 하나님나라의 영향력을 미치는 미래의 지도자를 키워내야 한다.

교회는 단순히 세상을 피하여 평안을 누리기 위한 안식처가 아니며 내세를 준비하는 곳도 아니다. 교회는 하나님의 통치를 벗어나 원형을 잃어버린 하나님의 창조세계를 회복하기 위해 세우신 기관이다. 세상은 하나님의 아들들이 나타나기를 고대하고 있다.

> 피조물이 고대하는 바는 하나님의 아들들이 나타나는 것이니 피조물이 허무한 데 굴복하는 것은 자기 뜻이 아니요 오직 굴복하게 하시는 이로 말미암음이라 그 바라는 것은 피조물도 썩어짐의 종 노릇 한 데서 해방되어 하나님의 자녀들의 영광의 자유에 이르는 것이니라 _롬 8:19-21

세상이 뭔가 해결책을 원하고 있는 것이다. 사람들은 세상에서 좀 더 의미 있고 가치 있는 삶을 살고 싶어 한다. 사람들이 정치에 기대고 철학에 관심을 갖는 이유는 바로 이것 때문이다. 그러나 한편으로는 돈의 노예가 되고, 쾌락의 노예가 되어 허무한 삶을 이어간다.

교회는 바로 이 지점에서 자신의 역할을 감당할 수 있다. 사람들에게 하나님의 영광을 체험시키고, 진정한 삶의 목적을 따라 가치 있는 삶을 살아갈 가능성을 보여주는 것이 바로 교회의 역할이다.

모든 성도 중에 지극히 작은 자보다 더 작은 나에게 이 은혜를 주신 것은 측량할 수 없는 그리스도의 풍성함을 이방인에게 전하게 하시고 영원부터 만물을 창조하신 하나님 속에 감추어졌던 비밀의 경륜이 어떠한 것을 드러내게 하려 하심이라 이는 이제 교회로 말미암아 하늘에 있는 통치자들과 권세들에게 하나님의 각종 지혜를 알게 하려 하심이니 곧 영원부터 우리 주 그리스도 예수 안에서 예정하신 뜻대로 하신 것이라 _엡 3:8-11

여기서 우리가 주의해야 할 것이 있다. 지도자를 세우는 일에 대해 성경이 말하는 것은 높은 자리에 올라가는 사람들을 많이 배출하여 사회에 영향을 미치자는 소위 '고지론'이 아니라는 것이다. 고지론은 자칫 기독교를 성공을 위한 자기계발 방법론으로 타락시킬 수 있다. 예수를 성공의 수단으로 이용하는 샤머니즘의 신으로 전락시키는 것이다.

기독교 신앙은 사회에서 높은 위치를 차지해 얻은 권력으로 세상을 바꾸려는 정치철학이 아니다. 예수의 승천 이후 기독교인은 로마에서 박해 받는 위치에 있었다. 하지만 전혀 다른 삶의 방식, 거룩한 윤리를 실천함으로써 권력과 부를 점하고 있던 로마의 귀족들을 변화시켰다.

로마의 시민은 이웃 나라들을 정복하여 쟁취한 권력과 부를 구가하며 온갖 쾌락을 누렸다. 기독교인은 그들의 권력과 부를 빼앗은 것이 아니다. 초라해 보이지만 그저 예수를 주로 모시는 삶을 살아간 것이다. 예수를 주로 모시고, 가정을 지키고 이웃을 사랑하며,

가진 것을 서로 나누는 삶의 방식을 고수한 것이다. 때로 박해와 순교를 감수하고라도 그 안에서 세상이 줄 수 없는 놀라운 하나님나라의 의와 희락과 평강을 맛보며 살아간 것이다.

> 하나님의 나라는 먹는 것과 마시는 것이 아니요 오직 성령 안에 있는 의와
> 평강과 희락이라 이로써 그리스도를 섬기는 자는 하나님을 기쁘시게 하며
> 사람에게도 칭찬을 받느니라 _롬 14:17,18

고지론은 역사 속에서 기독교 신앙을 타락시키는 독약이었다. 기독교가 로마에서 공인되고 사제들이 권력과 부를 얻게 되자 타락하여 개혁의 대상이 되었던 것을 기억하자. 기독교 신앙은 하나님께 기도해서 높은 위치에 올라가 세상을 변화시키는 종교가 아니다. 기독교 신앙은 자신의 위치에서 권력과 부를 얻지 못하더라도 하나님나라의 삶의 방식으로 살아가는 것이다. 거기에서 놀라운 하나님나라의 복을 누리게 된다. 그렇게 사는 기독교인은 자연스럽게 삶으로 하나님나라의 존재 방식을 드러낸다.

하나님나라를 드러내는 기독교 신앙은 권력과 물질을 얻는 과정에서 많은 이들을 불행하게 하는 로마의 방식이 아니다. 함께 더불어 행복하게 살아감으로써 세상이 이해할 수 없는 하나님나라의 경이로움을 드러낸다. 타락한 세상, 하나님의 통치를 거부하는 세상에서 하나님의 통치에 순종하는 대항적 삶의 방식을 보여주는 것이다. 이것이 바로 교회가 세워가야 할 미래 지도자의 모습이

다. 높은 위치에 오르고, 대통령이 되고, 총리가 되는 것이 능사가 아니다.

킹덤처치를 통해 양육된 성도는 하나님나라의 능력을 보이는 삶을 통해, 세상의 권력과 부를 통해서도 만족을 누릴 수 없던 사람들에게 영원한 삶을 누리도록 촉구하는 진정한 영적 지도자가 된다. 이러한 하나님나라의 영향력을 보이는 사람이 우리가 추구하는 미래의 지도자다.

이와 같이, 하나님나라를 진정으로 드러낼 수 있는 미래의 지도자를 키우기 위해 기독교 신앙에 대한 근본적이고 철저한 양육이 선행되어야 한다고 나는 믿는다. 이원론적 신앙관이나 세상의빛교회만 커지면 된다는 식의 교회성장주의, 교인을 만들어내기 위한 제자훈련, 성공을 위한 기독교적 고지론처럼 한국 교회를 휩쓸었던 파편적이고 부분적인 신앙 교육 방식을 보완하는 새로운 양육이 필요했다.

그래서 세상의빛교회는 '하나님나라 제자훈련'이라는 새로운 형태의 제자훈련 프로그램을 실행했다. 기독교 신앙을 세계관적으로 설명하여 이 시대에도 기독교가 참 진리임을 변증하고, 이원론적인 신앙관을 극복하기 위한 양육을 전세대 성도에게 시도했다. 성경을 포괄적이며 총체적으로 이해할 수 있도록 '하나님나라 관점으로 성경통독'이라는 프로그램도 실시했다.

나아가 청소년과 청년들을 대상으로 기독교인으로서 다양한 직업 수행 방식에 대해 교육하고 사회의 여러 이슈에 대해 고민하는 기회를 제공했다. 세대를 뛰어넘어, 각자의 삶의 정황에서 진정한 영적 영향력을 미치는 지도자로서 살아가도록 독려하고 있는 것이다. 이런 과정을 통해 성도들은 자신들의 삶의 영역에서 답을 찾아가고 있다. 성도들이 세상을 회복하는 사명으로 파송되었음을 인식하고, 교회가 가정과 직장과 세상의 모든 영역을 하나님나라로 회복하는 일에 수고하는 건강한 성도들로 채워지고 있다.

셋째, 복음을 전하는 선교, 넷째, 이웃을 사랑하는 복지

교회는 하나님나라의 도구다. 킹덤처치는 하나님나라를 확장하는 사명을 감당해야 한다. 세상의빛교회의 세 번째와 네 번째 비전은 온 세상에 복음을 전하는 선교와 이웃을 사랑하는 복지다. 도시속에 건강한 공동체를 세우는 것도 미래의 지도자를 양성하는 것도, 개교회의 성장이나 종교 조직의 확대를 목표로 한다면 의미가없다. 이 땅 곳곳에 하나님의 통치가 이뤄짐으로써 진정한 회복이일어나는 하나님나라 운동이 목표가 되어야 한다.

하나님나라 운동은 복음을 전파함으로써 이뤄진다. 세상의 정치 경제 문화 등 모든 창조세계가 원형을 회복할 수 있도록 갱신되는 길은 예수께서 전하신 하나님나라 복음 전파를 통해 가능하다. 따라서 온 세상에 복음을 전하는 선교는 도시에 세워진 건강한 교회 공동체와 그 안에서 양육된 미래의 지도자들의 궁극적인 사명이다.

세상의빛교회는 지속적으로 관계 전도를 통해 이웃에게 복음을 전했다. 또한 복음을 통해 개인과 사회의 존재 방식을 변화시키는 것을 궁극적인 사명으로 여긴다. 복음을 전하는 일은 복음을 통해 하나님나라를 경험하는 이들에게 나타나는 당연한 결과였다.

또한 복음의 핵심을 담은 전도지를 지역에 나누었다. 해마다 복음이 필요한 해외에 단기사역을 나갔다. 현지 선교사들과 철저히 협의해 그들이 복음 사역을 하는 데 필요한 프로그램을 준비했다. 의료 사역, 주일학교 사역, 교사 교육 사역, 음악 교육 사역, 컴퓨터 교육 등 다양한 사역을 준비해 현지에서 교회를 개척하거나 개척된 교회를 세워가는 일에 협력했던 것이다.

성도들의 삶에서 복음을 전하는 일은 생활이었다. 단순히 예수를 믿으라고 권면하는 것이 아니라, 복음을 전하고 교회가 세워지는 일에 모든 것을 함께했다. 이 과정에서 반드시 동반될 수밖에 없는 사역이 바로 복지를 실천하는 일이었다. 사랑의 계명을 실천하는 것은 그리스도인에게 나타나는 가장 보편적인 삶의 열매다.

선진국에서는 국가가 상당한 수준의 복지를 수행하고 있다. 하지만 국가의 복지는 단순히 경제적으로 삶의 질을 향상시키는 것에 국한된다. 또한 사각지대가 많이 생길 수밖에 없다. 킹덤처치는 경제적으로 삶의 질을 향상시키는 것을 넘어서 복음으로 태어난 영혼들이 새롭게 되며, 새로운 삶의 목표를 가지고 살아갈 수 있도록 도울 수 있다. 특히 도시의 교회는 도시 슬럼가에서 지역 복지를 위해 세워진 교회들과 복지NGO와 연합하여 함께 복지 사역을 할 수 있다.

교회가 공동체적으로 복지에 관심을 갖는 것은 하나님나라의 구현의 한 양태이며, 하나님나라 확장의 기폭제가 되는 것이다. 교회는 개인과 사회를 변화시킬 수 있는 궁극적인 무기, 하나님의 말씀인 복음을 소유하고 있다. 예수를 통해 성취되는 하나님나라의 소식을 전한 결과가 희년의 실현으로서의 복지의 성취를 가능하게 하며, 교회를 통한 복지는 하나님나라의 복음이 더 널리 전파되도록 신뢰를 형성한다.

하나님나라의 복음을 이해하고 실천하는 공동체

세상의빛교회는 독거노인이나 보육대상 아동들이나 장애우들을 돌보는 사역을 하는 교회들과 연합하여 복지 사역에 교회의 역량을 집중하고 있다. 교인 대부분은 그런 복지 사역에 동참한다. 복지 사역은 하나님나라의 복음에 대한 신뢰성을 증대시키고 있다.

세상의빛교회는 서울 강남에 있지만, 서울의 외곽지역으로 조금만 나가면 다양한 복지사역이 필요한 현장이 기다리고 있다. 다양한 형태의 도시 빈민은 물론이고, 여러 나라에서 온 외국인이 있으며, 북한에서 내려와 자리 잡은 새터민(혹자는 북에 고향을 두고 왔다고 하여 '북향민'으로도 부른다)도 많다. 이들을 섬기는 사역을 펼쳐나가며 선교와 복지의 사명을 감당하는 공동체가 되어가고 있다.

공동체 구성원 전체가 하나님나라의 복음을 이해하고, 복음을 경험하며 실천하는 삶을 살아가는 교회를 개척하기에 도시는 매우 좋은 조건을 가지고 있다. 도시에는 신앙과 삶의 일치를 모토로 하여 복음과 교회에 대한 새로운 이해를 공유할 수 있는 젊은 세대가 많다. 또한 교회의 추문으로 인해 젊은 세대에게 신앙적 회의가 높고 교회에 대한 적대적 감정이 높은 곳이 도시이지만, 그런 이유로 새로운 교회, 건강한 교회에 대한 욕구가 그만큼 높다. 도시 지역은 새로운 교회를 필요로 한다.

실제로 세상의빛교회는 새롭게 복음과 교회에 대해 연구하면서 양육을 위한 교재를 개발하며, 복음을 누리며 실천하기 위한 다양한 프로그램들을 만들었다. 그런 프로그램을 통해 젊은 성도들이 하나님나라 관점으로 복음을 이해하고 새로운 교회를 거부감 없이 받아들이게 됐다. 세상의빛교회는 이 네 가지의 비전을 기반과 축으로 삼아 세워진 것이다.

03
전통을 새롭게 계승하는 교회

전통을 따르지 않는 교회의 성장

마크 래버튼은 "세계적으로 교회가 성장하는 지역이 있는데, 전통을 따르지 않는 곳이다. 이에 비해 전통을 따르는 지역은 성도가 줄어들고 있다"고 말하면서 "이것은 시대와 문화가 변화했다는 것을 의미한다"고 분석했다.*

교회의 목적은 전통을 고수하는 것이 아니다. 시대에 맞게 복음을 전하는 방법을 새롭게 연구하고 찾아내야 한다. 한국 교회는 전환기에 있다. 과거의 전통을 그대로 고수해서는 미래가 없다는 목소리가 나온 지 이미 오래되었다. 한국 교회의 전통은 1990년대 이전까지는 의미가 있었다. 이제 한국 교회에는 새로운 패러다임이 필요하다. 전통의 가치를 새롭게 계승하며 하나님나라를 구현

---

* 박민균, "신행 불일치가 교회위기의 본질 실천 못하면 복음 땅 속에 묻혀", 기독신문, 2014년 11월 4일자.

하는 교회가 필요하다. 그것이 내가 이 책에서 논하려는 킹덤처치다. 세상의빛교회는 한국 교회의 좋은 전통을 살리는 동시에 시대에 맞게 새로운 방식으로 교회가 개혁되어야 한다는 신념을 가지고 시작되었다.

한국 교회는 좋은 전통을 가지고 있다. 유래 없이 성공적인 선교 사례이기도 하다. 목회자들의 희생과 성도들의 열심은 대단했다. 하지만 시대가 급변하고 있다. 가슴 아픈 현실이지만, 한국 교회가 여러 방면에서 신뢰를 잃었다. 또한 전통적 사역 방식으로는 더 이상 젊은 세대에게 복음을 선포하기 어려워졌다. 이제 한국 교회의 좋은 전통을 자랑하고 고수만 할 것이 아니라, 그 전통을 새롭게 계승하는 교회를 고민해야 한다. 변화된 세상에 복음을 전파하기에 알맞은 교회로 새롭게 변모해야 한다. 그 교회의 방향이 킹덤처치였다. 세상의빛교회는 이런 생각을 가지고 잉태되었다.

나는 개척 전에 이미 개척을 위한 기도회를 가정에서 진행했다. 개척을 언제 어떻게 할지에 대해서는 아무것도 결정한 것이 없었다. 그러던 중 아버지의 소천을 계기로 개척에 대해 매우 확실한 소명을 받게 되었다. 2005년 시무하던 교회를 사임하고 개척을 준비하기 시작했다. 적은 수였지만 개척 멤버가 자연스레 구성되었다. 지역을 선정하는 문제, 재정을 모으는 문제도 진행되었다.

가장 심각하게 고민했던 것은 교회의 신뢰를 회복하고, 미래 세대가 복음을 이해하도록 전하기 위해 교회가 어떻게 존재해야 하는가였다. 세상의빛교회는 전통적인 교회의 바탕에서 개혁해야 할 것들을 고민하고 몇 가지 개척의 방향을 정했다. 우선 건물 임대, 전통적 방식의 주일예배, 새벽기도회, 금요기도회 같은 기존의 틀은 일단 유지하기로 했다. 새벽기도회는 개척 2년 후에 도시 지역의 상황을 고려해 심야기도회로 변경했고, 금요기도회는 토요기도회와 병행해 실시했다. (이제 금요기도회는 하지 않고 토요기도회만 열고 있다.)

개척 초기부터, 우선 주일 오후예배 대신에 모든 성도들이 서로 자기 죄를 진정으로 고백하고 삶을 돌아보는 소그룹 예배를 정착시켰다. 성가대를 조직하지 않고 교회 봉사를 줄였다. 그 대신 주일에 소외된 이웃을 위한 봉사활동과 성도 사이의 교제 시간을 더 많이 갖기로 했다. 교회 이름인 '세상의빛'은 개척 멤버 10여 명이 교회가 개척되기 두 달 전쯤 예배당 인테리어를 하면서 정했다. 이 시기는 전통의 장점을 이어가면서도 전통의 한계를 극복하려고 고민하는 시기였다. 교회의 전체적 틀이 많이 형성된 시기이기도 하다.

한계 극복을 위한 실험

세상의빛교회는 90평 정도 되는 서초동 빌딩 지하를 임대해 2006년 초에 시작되었다. 개척 멤버는 15명 정도였는데 대부분 미혼이었다. 처음 2년 정도는 전통 교회의 한계를 어떻게 극복할 것인지에 대해 다양한 실험을 하는 시기였다. 엄밀히 말하면, 나는 명확한 답을 가지고 있지 않았다. 당시 35세였던 나는 담임목회자로서 너무 젊었고 경험도 부족했기 때문이다. 준비가 부족했기 때문에 교회가 안정되기까지 시간이 많이 필요했던 것 같다. 그러나 경험이 부족하다보니 오히려 새로운 것들을 고민하고 시도할 수 있었다. 전통 교회에서 경험한 것들을 무조건적으로 수용하지 않으려 하다 보니 예배를 비롯해 모든 프로그램에 대해 새롭게 고민하게 되었다. 우선 개척 전에 생각했던 대로 삶을 변화시키는 소그룹 공동체를 만들기 위해 힘썼고, 주일에 교회 봉사를 가급적 줄이고 소그룹 사역과 양육을 진행할 수 있었다. 그러다 보니 여성뿐 아니라 남성도 공동체의 중심으로 세워져가는 긍정적인 면도 발견했다.

경험과 시스템이 없이 목회자도 교회 공동체도 복음과 새로운 교회에 대한 고민을 바탕으로 많은 실험을 하는 시기가 오래 지속되었다. 교회는 다소 혼란스러웠지만 새로운 실험을 계속했다. 주일에 다양한 복지 사역에 참여했고, 명절과 연휴를 이용해 직장인들의 단기선교를 진행했다. 누구나 교회의 예배에 참석할 수 있었지만, 6개월 과정의 제자훈련을 통해 충분히 복음과 교회에 대한 이론을 공유한 후에 교회의 실제적 일원이 되도록 하는 '문턱 높이기'도 일종의 실험이었다.

하나님나라를 누리며 확장하는 교회가 되려면

노스포인트교회 담임목사인 앤디 스탠리는 처음의 교회는 영광스러운 뒤죽박죽의 운동이었고, 그 운동의 메시지는 레이저처럼 초점이 명확했으며, 사명은 온 세상을 품었다고 말한다.* 교회는 주일예배를 훨씬 뛰어넘는 것이며, 예산이나 숫자, 건물로 평가될 수 없었던 무형의 생명력 있는 운동이다. 예수를 만난 사람들의 삶의 방식을 전혀 다른 것으로 바꾸어놓는 운동력이 바로 교회였던 것이다.

현대 교회에서 이러한 변화와 새로운 운동력이 느껴지려면 어떻게 해야 할까? 성도들이 신앙과 삶의 일치를 위해 고민하고, 변화가 나타나고, 그 변화가 주변에 영향을 미치고, 교회를 통해 세상 사람들까지 소망을 느끼려면 어떻게 해야 하는가?

세상의빛교회의 개척 초기는 목회자와 교회 공동체 모두 이러한 고민을 가지고 답을 찾기 위해 다양한 실험을 했던 시기였다. 이전의 종교 프로그램들을 그대로 제시하면서 천국에 갈 수 있다는 확신을 주는 사역에서 벗어나려 했다. 다양한 종교적 열심을 통해 원하는 기도제목을 이룰 수 있다는 믿음을 강조하는 사역에서 벗어나려 했다. 그 대신 복음을 통해 하나님나라를 누리며 확장하는 교회가 되기 위해 무엇이 어떻게 바뀌어야 하는지 오랜 시간 고민하며 기도했다.

이 시기가 끝나갈 즈음, 세상의빛교회는 '전통을 새롭게 계승하며 한계를 극복하는 교회'라는 기본적인 틀은 유지하되, 몇 가지 결론에 도달했다. 먼저 숫자적인 부흥을 목표로 삼지 말고 기독교 세계관과 성경 교육을 통해 성도들의 세계관에 변화를 일으키는 데

---

*   Andy Stanley, 노스포인트교회 이야기, 56-57.

집중했다. 또한 기독교 세계관으로 세상을 살아가기 위해 교회가 다양한 자원봉사와 섬김의 프로그램을 제안함으로써 신앙의 실천을 훈련하는 일에 최선을 다했다.

소그룹 예배를 위해 교회의 장의자를 접이식 의자로 바꾸고, 모든 성도들이 주일예배 후 소그룹으로 자신의 삶을 나누는 새로운 예배를 정착시켰다. 성가대를 비롯한 전도회 같은 기존의 다양한 모임과 회의를 없앴다. 교회 밖에서 하는 봉사 프로그램을 주일 프로그램에 공식적으로 포함시켰다. 금요기도회 대신 직장인들이 비교적 여유를 가질 수 있는 토요일에 토요기도회로 대치했으며, 새벽기도회를 심야기도회로 바꾸고 말씀을 나누고 삶을 돌아보며 하나님의 통치를 받는 기도를 강조하게 된 것이다.

성도들의 삶이 열매다

2008년부터 교회는 방향을 찾기 시작했다. 건강한 교회 공동체를 세우기 위해 소그룹 사역을 중심으로 아예 '한 세트의 예배'를 기획했다. 전통적인 주일 오전의 회중 예배를 시작으로 점심시간의 식탁 교제와 삶의 나눔을 위한 소그룹 예배까지 이어지는 3시간짜리 예배가 탄생했던 것이다. 이것은 말하자면 회중 예배와 소그룹 예배의 결합이었다. 장의자를 치우고 이동하기 편리한 접이식 의자를 택한 것도 이렇게 예배를 개편하기 위함이었다(앞에서 우리 교회 오후 소그룹 모임을 소그룹 예배라고 표현한 이유가 이것이다).

김성진은 교회를 개척할 때 자신의 은사와 기질에 따라 사역의 이미지를 결정하고 그에 맞는 사역을 준비한 후 교회 시설도 그에 준해 단장하라고 강조한다.* 나는 한계가 있긴 했지만, 이렇게 주어진 환경에서 교회가 추구하는 방향과 일치하는 공간적 준비까지 마치는 데 거의 3년이 걸렸다. 그 후 거의 모든 성도들이 3시간짜리 예배를 받아들이게 됐다. 회중 예배를 통해 하나님과의 만남을 누리고 소그룹 예배를 통해 건강한 공동체를 선물받게 된 것이다. 나로서는 모든 성도가 이 3시간 예배에 동참하는 열매를 얻은 셈이다.

교회에 방문한 사람들이 교회의 비전과 목회 철학을 이해하도록 자체 제작한 《하나님나라 제자훈련》 교재를 활용하는 데 최선을 다했고, 성경 전체를 통해 복음이 무엇인지 양육하는 '하나님나라 성경통독'을 진행했다.

소그룹 예배까지 포함된 교회의 긴 주일예배에 부담을 가지는 사람도 많았다. 새로운 양육방식에 동의하지 못하거나 부담스러워하는 사람들과 결국 헤어져야만 했다. 성도들에게 하나님나라를 구현하는 교회의 정신을 심어주려는 목회 방식을 포기하고 '숫자적 성장을 도모할까' 하는 생각도 했다. '더 좋은 건물로 이전할까' 하는 생각도 했다. 하지만 그런 것에 집착하게 되면 신앙과 삶의 일치를 통해 하나님나라를 구현하는 건강한 교회가 될 수 없다고 생각했다. 그래서 최대한 초심을 잃지 않으려 노력하며 고집스럽게

---

* 목회와신학 편집부, *교회 개척*, 75-77.

성도들을 말씀으로 양육했다. 그 결과 복음으로 하나가 된 건강한 동역자들을 많이 얻었다. 어쩌면 교역자들보다 더 충실히 삶의 현장을 살아내며 복음을 위해 수고하는 동역자들을 얻은 것이다.

세상의빛교회 공동체의 일원이 된 성도는 주일예배, 소그룹, 봉사활동으로 이어지는 총체적인 주일 프로그램에 참여하도록 제시받는다. 교회 안에서 예배와 봉사만으로 채워졌던 주일에서 '예배 – 소그룹 – 이웃에 대한 봉사'까지 이어지는 주일을 경험한 성도들은 여러 면에서 많은 변화를 체험하고 있다. 교회와 시대마다 조금씩 다르겠지만, 교회는 하나님나라의 복음을 구현하기 위한 주일 프로그램을 새롭게 준비해야 하는데, 세상의빛교회의 주일 프로그램은 성도가 하나님나라의 복음을 경험하고 구현할 수 있는 통로가 되고 있다고 본다.

우리 교회는 이렇게 본질적으로 성장하고 있다. 교회를 숫자나 예산이나 건물로 평가한다면 세상의빛교회는 거의 성장하지 않은 교회나 다름없다. 교회 소유의 건물도 없고, 예산도 그리 많지 않고, 숫자적으로도 주목받을 만한 성장을 한 것도 아니다. 2017년 여름 기준으로 성인 성도 100여 명에 주일학교 학생들까지 합쳐 약 140여 명의 공동체에 불과하다. 하지만 진정으로 중요한 것은 세상의빛교회 성도의 숫자가 아니라 삶의 모습이다. 하나님나라를 구현하는 모습으로 변화된 성도들의 삶, 글로 다 담아낼 수 없는 그들의 삶의 모습이 세상의빛교회의 진정한 성장이라고 나는 믿는다. 하나님나라를 살아가는 성도들의 삶이 진정한 열매이기 때문이다.

성도의 삶에 나타나는 변화

레슬리 뉴비긴은 복음이 신빙성을 얻어 기독교가 공적인 삶에 영향을 미치게 하려면 우리가 맨 먼저 고려해야 할 것이 기독교 회중이라고 말했다.* 나는 지난 12년 동안 숫자적 성장을 추구하지는 않았다. 숫자적 성장이 전혀 없었던 것은 아니지만, 숫자적 성장만을 추구했다면 신앙과 삶의 일치를 통해 하나님나라를 구현하는 교회의 틀은 갖춰지지 않았을 것이다.

위에 열거한 여러 사역으로 인해 작은 공동체인 세상의빛교회의 회중에게 다음과 같은 모습이 나타나고 있다. 성도들이 삶의 변화를 통해 예수 그리스도의 복음을 전파하는 도구로 변화되어가고 있는 것이다.

첫째, 성도들의 삶에 나타난 변화와 고민들이다. 이것은 지면으로 다 설명하기 어렵다. 성도들이 종교적 형식을 넘어서 자신들의 삶에서 하나님나라를 구현하려고 열심히 애쓰고 있는 것이다. 배성우는 월간 〈목회와신학〉 2014년 8월호(136-139pp)에 실린 글에서 세상의빛교회의 사역을 '신앙과 삶의 일치를 위한 창의적 몸부림'이라고 표현했다. 세상의빛교회 성도들은 주일성수, 십일조 등 기본적인 신앙생활에 대한 고민을 뛰어넘어 삶의 변화를 위해 고민한다. 하나님나라를 살아내려고 몸부림치고 있는 것이다. 이것만으로도 이전에 내가 사역하면서 보지 못했던 열매를 거두고 있는 셈이다.

---

* Newbigin, *다원주의 사회에서의 복음*, 419.

둘째, 성도들의 역동적 섬김과 선교의 일상화다. 성도들 대부분은 직간접적으로 소외된 이웃들을 위한 봉사 프로그램에 참여한다. 성도들의 70% 이상이 이미 해외 단기사역을 경험한 사람들이며, 사정상 참여하지 못한 성도들도 선교를 위한 각종 지원사업에 기대 이상의 열정을 쏟아주고 있다. 요즘 '선교적 교회'(미셔널처치)라는 용어가 유행인데, 세상의빛교회 성도들은 선교적 교회의 의미는커녕 용어조차 잘 알지 못하지만, 이웃에게 봉사를 통한 사랑의 실천으로 복음을 전하고, 여러 선교지를 위해 기도하고 단기사역으로 섬기는 것을 평생의 사명으로 생각하고 있다. 그야말로 선교적 삶을 살아가고 있는 것이다.

셋째, 자기부인의 교회 생활이다. 적어도 담임목사인 내가 보기에 세상의빛교회 성도들은 자신의 직분을 자랑하거나 교회에서의 공로를 뽐내지 않는다. 우리 교회에는 이런 교회 생활 문화가 일상화되어 있다. 이것은 목회자의 비전과 목회 철학에 동의한 개척 멤버들의 자발적 헌신과 자기부인의 교회 생활 문화가 정착된 결과다. 교회 안에서 서로의 이익을 추구하느라 발생하는 문제는 거의 볼 수가 없다. 아직 장로도 세우지 못했고 다수의 성도가 집사, 권사 같은 직분도 없지만, 직분을 맡은 소수에게서도 권위의식을 찾기 어렵다. 무엇이 하나님나라를 위한 일인지 같이 고민하고 서로 희생을 감수한다.

교회 분위기가 이렇게 되면 교인 숫자나 교회 건물이나 재정으로 설명할 수 없는 좋은 열매를 얻는다. 이전에 사역하면서 경험했던 공동체들과 구별되는 공동체 문화가 형성된 것에 대해 가장 감사하게 된다. 하나님나라를 구현하는 교회에 대한 나의 고민을 보시고, 불가능한 일을 이루어가시는 하나님께 감사할 따름이다.

04

킹덤처치의 다섯가지 핵심 사역

교회의 영적 성장을 위한 다섯 가지 방법

앤디 스탠리는 교회의 영적 성장을 위한 실제적인 다섯 가지 방법을 제시한다.* 1) 실제적 교육, 2) 개인적 훈련, 3) 직접적 사역, 4) 섭리적 관계, 5) 중추적 환경이다.

어느 교회나 그 교회의 비전을 실현하기 위해 영적 성장을 위한 구체적이고 실제적인 방법이 있어야 한다. 세상의빛교회는 다음과 같은 다섯 가지 시도를 통해 하나님나라를 구현하는 복음의 공동체를 세워나가고 있다. 회중 예배, 소그룹 예배, 이웃 봉사, 다양한 기도회, 단기사역 프로그램이다. 이 다섯 가지는 교회를 통해 하나님나라를 구현하기 위한 핵심 사역들이다.

---

* Andy Stanley, 노스포인트교회 이야기, 115-168 참고.

첫째, 회중 예배

예배는 교회에서 가장 중요하고 기초적인 사역이다. 성경이 제시하는 유일하신 하나님에 대한 믿음과 삼위일체 하나님을 예배하는 것이다. 예배에는 하나님에 대한 경배의 행위가 있어야 하며, 예배를 통해 공동체 구성원이 하나님의 은혜를 체험하는 경험이 있어야 한다. 동시에 예배를 통해 성경이 가르치는 하나님에 대한 참된 지식이 교육되어야 하며, 유일한 하나님에 대한 지식에 기초한 순종의 결단이 이뤄져야 한다.

진정한 예배를 통해 하나님의 은혜가 임하며, 하나님의 백성의 정체성이 강화되고, 하나님나라를 현재화하는 삶의 동력이 생긴다. 예배는 신에게 드리는 형식적인 경배 행위로 끝나면 안 된다. 이스라엘 백성에게 명령된 모든 제사는 하나님의 통치 가운데 하나님을 사랑하고 이웃을 사랑하는 삶으로 나아가는 서론이기 때문이다.

그러므로 형제들아 내가 하나님의 모든 자비하심으로 너희를 권하노니 너희 몸을 하나님이 기뻐하시는 거룩한 산 제물로 드리라 이는 너희가 드릴 영적 예배니라 _롬 12:1

로마서의 '영적 예배'라는 표현에서 '영적'이라고 번역된 단어는 헬라어로 '로기코스'이다. 이 단어는 '합리적인, 이성적인, 논리에 맞는, 말이 되는'으로 번역될 수 있다. 진정한 제사는 자신의 죄를 짐승에게 전가하는 예식이 아니다. 새롭게 된 제사자(祭祀者:예배자)가 하나님의 통치에 순종하게 되는 예식인 것이다. 예수님이 오신 이후 우리의 예배는 죄인이 예수의 십자가의 대속을 믿으며 죄를 사함 받아, 새로운 정체성을 소유하는 것에서 시작하여 하나님의 통치를 따라 살아가는 백성으로 변화되는 것을 목적으로 한다. 그것이 합리적이며 논리적이다.

예배는 기도와 찬양과 말씀과 예물과 성례 등으로 이루어진다. 그런 기본 내용과 원리는 변하지 않지만, 시대에 따라 예배의 형식이나 예배에 사용되는 찬양과 말씀의 문화적 색채는 회중이나 문화의 변화에 따라 달라질 수 있다. 따라서 교회는 늘 예배에 대해 고민해야 한다고 나는 믿는다. 시대와 문화에 맞게 예배의 형식은 늘 새롭게 갱신되는 것이 좋기 때문이다. 그러나 그 목적이 회중을 만족시키는 데 있어서는 안 된다. 예배의 목적은 우리를 하나님의 통치를 따라 살아가는 백성으로 변화시키는 데 있어야 한다. 하나님나라를 구현하는 관점에서 보아야 하는 것이다.

최근에 현대 예배(Contemporary Worship)라는 개념이 등장했다. 현대 예배는 현대적인 문화와 사회적 요소가 회중에게 미치는 영향을 감안하여 기획된 예배다. 이것은 늘 예배가 새로워져야 할 것을 요구한다. 단순히 과거의 형식을 답습하는 것이 아니라, 시대의 문화적 요소와 사회적 요소를 고려하여 전통을 새롭게 계승하는 노력이 필요한 것이다. 유재원은 현대 예배를 1) 구도자에 민감한 예배(Seeker-Sensitive Worship), 2) 통합적 예배(Blended

Worship), 3) 대안예배(Alternative Worship), 4) 이머징 예배 (Emerging Worship)로 나눈다.*

세상의빛교회는 전통적 예배의 형식이 강하지만, 현대적인 요소를 가미하는 통합적 예배를 고민한다. 전통적인 형식이 강하지만, 젊은 세대에게도 복음이 전달될 수 있도록 찬양과 설교를 준비한다. 개신교 예배의 중심은 설교에 있다. 세상의빛교회의 예배 설교는 말씀을 통해 하나님을 경험하는 측면에 관심을 기울이면서, 동시에 지속적인 말씀 사역을 통해 성도에게 가치관의 변화가 일어나 실제 삶에서 그 변화를 경험하게 하는 것에 중점을 둔다.

세상의빛교회는 예배 형식 자체의 전문성을 추구하지 않는다. 전문적인 예배 진행자들과 엄청난 예산이 필요한 기획, 훌륭한 찬양과 음향 시스템을 싫어할 사람은 없다. 형편이 된다면 갖추고 싶을 것이다. 하지만 이 모든 것은 교회의 대형화와 자본에 의해 가능하다. 그러한 예배의 전문화(Specialization)는 회중에게는 매우 매력적이지만, 많은 교회에서 예배를 '감성의 만족'으로 변질시켰다. 사실상 대형교회만이 그런 '예배의 전문성'을 추구할 수 있다.

대형교회가 추구하는 예배의 전문성의 그늘에는 대형화에 따른 공동체의 약화 내지는 부재라는 치명적인 문제가 있다. 또한 공동체적 삶으로 나아갈 수 없는 구조적인 문제도 있다. 전문적인 예배 기획은 모든 교회의 소망이겠지만, 교회 공동체를 건강하게 하는 방향성과 어울리지 않는다. 예배가 공연처럼 되어가거나 일종의

* 최원준, "예배, 예전과 문화가 만나다", 목회*와신학*, 2012년 4월호, 38-41

감동적인 퍼포먼스가 되어간다는 비판은 여기서 나오는 것이다.

종교개혁 이후 예배의 중심은 하나님의 말씀을 선포하는 것이다. 세상의빛교회는 주어진 상황 속에서 찬양과 기도와 더불어 하나님의 말씀을 선포함으로써 하나님의 뜻을 전하고, 공동체는 하나님의 성품을 배운다. 하나님나라의 복음을 따라 살아가도록 촉구하는 말씀을 선포하는 데 집중하는 예배를 드리려 힘쓰는 것이다. 우리의 예배는 공동체 전체가 하나님나라의 비전을 소유하도록 하는 데 초점을 맞추려 하기 때문이다. 그 예배는 하나님께서 통치하시는 개인의 삶, 사회 속에 하나님나라의 구현으로 이끄는 소그룹 예배로 자연스럽게 이어진다.

둘째, 소그룹 예배

예배는 결국 세상으로 나가 살아가는 그리스도인의 삶에서 완성된다. 레슬리 뉴비긴은 복음에 대한 유일한 해석은 복음을 믿고 복음에 의거해 살아가는 남녀로 구성된 회중이라고 말했다.* 결국 지금까지 논의한 예배의 성패는 삶에서 결정되는 것이다. 예배는 그리스도인의 전인적 삶의 서론인 것이다. 세상의빛교회의 소그룹 사역의 목적은 바로 복음으로 삶이 변화된 회중을 만드는 데 있다.

따라서 세상의빛교회의 예배는 주일의 예전적 예배로 끝나지 않는다. 예배 후에 모든 성도는 소그룹 예배로 다시 모인다. 우리가 소그룹을 예배로 부르는 것은 한국에서 주일에 두 번의 예배를 드

---

*   Newbigin, *다원주의 사회에서의 복음*, 419.

리는 전통이 있기 때문이다. 나는 소그룹으로 모여 다시 예배를 드린다는 뜻으로, 단순한 교제가 아니라는 것을 강조하기 위해 소그룹 모임 대신 소그룹 예배라는 명칭을 사용한다. 이 시간은 하나님의 말씀을 삶에 적용하며, 함께 말씀대로 살아가는 삶을 결단하는 시간이다. 소그룹의 핵심은 자신의 삶을 나누며 소통하는 것에 있다. 소그룹에서 삶을 소통하면서 하나님께서 우리의 삶을 다스리시는지 자연스럽게 점검하기 때문이다. 말씀을 중심으로 세상에 대해 소통하는 자체가 이웃과 세상을 향한 하나님의 뜻을 깨닫는 과정이 된다. 가장 중요한 것은 하나님의 통치의 말씀을 가지고 삶과 세상에 대해 소통한다는 것이다.

하나님의 뜻을 깨닫고, 하나님의 성품을 배우고, 하나님나라의 복음을 따라 살아가도록 촉구하는 말씀을 통해 공동체 전체가 하나님나라의 비전을 소유했다면, 그것을 어떻게 개개인의 구체적인 결단까지 이어가게 할 것인지가 중요하다. 이 과정에서 가장 중요한 것은 개인의 영적인 상황을 소통할 수 있는 소그룹 공동체다. 서로의 결단을 들어주고, 함께 지지하고 기도해주는 소그룹 공동체는 하나님나라의 비전을 개인적 결단으로 이끄는 데 가장 중요하다. 성숙한 소그룹 공동체의 구성원들은 인격적인 상호작용을 통해 태도와 가치관과 성격에 변화를 일으켜 공동체 전체에 치유를 일으킨다.*

우리 교회의 소그룹 사역은 '신앙과 삶의 일치'를 이루기 위해 어

---

* 옥한흠, 길 (서울: 국제제자훈련원, 2003), 111, 114.

떤 새로운 시도들이 필요할까 고민하면서 시작된 것이다. 성도들을 관리하는 단위도 아니며, 지역의 조직도 아니며, 배가 성장을 위한 세포(셀)도 아니다. 하나님의 통치가 이뤄지며 복이 흘러넘치는 하나님나라가 개인의 삶과 가정을 넘어 이웃과 세상에 확장되도록 하기 위함이다. 그래서 주일예배가 끝나고 나면 점심을 먹고 오후나 저녁에 다시 교회에 모여서 전체 회중이 함께 예배를 드리는 것이 아니라, 주일예배 이후에 곧바로 점심을 겸하여 두 시간 정도 말씀을 삶에 적용하는 소그룹 예배를 시도한 것이다. 한국의 구역이나 셀모임은 대체로 주중에 이루어져 과반 이상의 성도가 참여하지 못하는 점을 고려한 것이기도 하다.

주일에 소그룹 예배가 정착되는 데는 사실 많은 어려움이 있었다. 주일이지만 교회에서 보내는 긴 시간을 부담스럽게 여기는 성도들을 설득해야 했고, 자신의 삶이 드러나는 것을 꺼려하는 성도들과 대화해야 했다. 소그룹을 통해 의견 충돌이 일어나고 다툼이 일어나기도 하는 미성숙한 모습도 언제든 나타날 수 있는 현상이었다. 또한 과거의 방식에 익숙한 리더들이 소그룹 예배를 '가르치는 시간'으로 이해하는 문제도 있었다. 인도자가 가르치는 식의 일방적 스타일을 벗어나 진정한 영적 소통이 이루어지기까지, 세속적인 잡담의 수준을 넘어 진정한 치유와 변화가 일어나는 소그룹이 되기까지 리더 세미나를 계속 시도했다. 결과적으로 회중 예배에서 이어지는 소그룹 예배는 설교가 중심인 회중 예배를 일상으로 이어주는 가교 역할을 하게 되었다.

소그룹을 통해 성도들은 자신들의 죄를 고백하며, 새로운 삶을 살아가기 위한 결단을 한다. 또한 주위에 복음을 전해야 할 영혼들과 맡겨진 선교지를 위해 기도한다.* 소그룹에 소속된 성도들은 함께 기도하며 인생을 더불어 살아갈 영적 동반자를 얻는다.

주일에 소그룹 예배를 통해 영적 공동체를 갖게 된 남자 성도들의 약진이 두드러졌다. 남자 성도들이 교회 공동체를 얻게 되니 신앙이 성장하고 교회에서 리더십을 발휘하게 되었다. 우리 교회는 소그룹을 통해 서로 선행을 격려하는 건강한 공동체를 구현하고 있다.

셋째, 이웃 봉사

우리의 예배는 소그룹 예배에 이어 세상으로 나아가 소외된 자들을 섬기는 자리까지 나아간다. 바로 이웃 봉사 프로그램이다(프로그램이라고 할 수 없으나, 기획되어 성도에게 제안된다는 면에서 이렇게 부르도록 하겠다). 킹덤처치에서 이웃 봉사는 예배의 연장이다. 이웃 봉사는 주일에 이루어지며 모든 성도들이 참여하도록 독려하여 이웃을 사랑하는 삶을 결단하고 실천하도록 한다. 이웃을 만난 성도들은 하나님나라가 세상으로 퍼져나가야 한다는 것을 자연스럽게 느낀다. 처음에는 도움을 주러 간다고 생각했다. 하지만 소외된 이웃들을 계속해서 만나며, 그들과 인격적인 교감을 하면서 더

---

* 이러한 사역의 원리는 셀그룹 사역의 원리와 Neil Cole의 LTG의 원리에 따라 구성되었다. 닐 콜의 *LTG 삶을 변화시키는 소그룹*(NCD)을 참고하라.

불어 살아가는 법을 배우게 됐다. 주일은 이렇게 사탄의 통치로부터 회복되어 하나님나라를 연습하는 시간이 되어갔다.

주일은 회복이 일어나는 날이다. 하나님으로 회복되고, 이웃과 회복되는 날이다. 이것이 안식의 참된 의미다. 이웃을 섬기면서 성도들은 진정한 안식과 회복을 경험한다. 회중 예배와 소그룹 예배를 통해 무장되고 준비된 후에, 진정한 예배의 완성과 회복을 위해 삶의 현장으로 나가는 것이다. 그 결과 일상의 삶 속에서, 그리고 우리의 삶의 현장인 세상 속에서 하나님의 뜻을 분별하며, 그분의 나라를 구하며 살아가게 된다.

> 너희는 이 세대를 본받지 말고 오직 마음을 새롭게 함으로 변화를 받아 하나님의 선하시고 기뻐하시고 온전하신 뜻이 무엇인지 분별하도록 하라
> _롬 12:2

안영혁은 한국 개신교가 초기부터 탈사회적이었고 70-80년대에 한국 기독교의 주류가 사회적 책임을 중시하지 않는 경향으로 흘러왔다고 지적한다.* 한국 교회는 과거 개발독재 시대에 정권을 지지하는 이미지를 주었고, 이러한 면에서 사회적 책임을 회피하고 권력자의 편에 섰다는 인상이 강하게 남아 있다. 나아가 내세적 구원관으로 사회의 여러 가지 문제를 외면하는 신앙의 성향이 널리 퍼져 있다. 사실 한국 교회가 한국의 복지 사역 대부분을 감당

---

* 안영혁, *작은 교회가 더 교회답다*, 63-64.

하고 있고 이웃을 위한 섬김을 실천하고 있지만, 세상은 여전히 교회에 사람을 모으기 위한 목적으로 봉사를 하고 있다는 인식이 강하다.

세상의빛교회는 신앙과 삶의 일치를 모토로 성도들이 이웃을 사랑하는 삶을 훈련하고, 현장에서 지속적으로 모든 이웃들을 만나야 한다는 확고한 생각을 가지고 개척되었다. 따라서 주일에 여러 기관을 선정하여 직접 이웃 봉사 프로그램을 시도했던 것은 교회 중심의 신앙생활을 넘어 이웃을 사랑하는 삶을 훈련하기 위한 것이었다. 세상이 교회에 대해 오해해온 것처럼, 사람을 모으기 위한 것이 목적이 아니다.

한국 교회 성도들은 교회 내에서의 봉사에 익숙한 반면 교회 밖의 이웃을 섬기는 봉사에는 익숙하지 않은 편이다. 따라서 성도들은 교회에 대한 관심은 많은 반면 세상에 대한 관심은 적은 편이 됐다. 나는 짧은 시간이라도 주일에 봉사하는 사역을 프로그램화하면 성도들의 삶에 변화가 나타날 것이라 생각했다. 평일에 봉사팀을 구성하면 대다수 성도들이 참여하기 어려운 것도 주일에 봉사 프로그램 시간을 할애한 이유의 하나다. 가급적 모든 성도들이 참여하도록 유도한 것이다. 성가대를 조직하지 않은 것도 모든 성도가 소그룹 예배를 거쳐 봉사에 참여하도록 배려하기 위함이다. 성가대의 유익보다는 실제로 삶을 나누고 이웃을 사랑하는 훈련의 기회를 택한 것이다.

성도들은 주일 오후에 장애우시설이나 보육을 위한 그룹홈이나 독거노인들을 위한 급식시설을 방문하여 각종 봉사를 하며 시간을 보낸다. 주일이라 긴 시간을 할애하지는 못하지만, 어려움에 처한 이웃들을 만나며 하나님을 사랑하고 이웃을 사랑하라는 하나님나라의 이중계명을 실천하는 훈련을 하고 있다. 교회에 대한 부정적 이미지가 강했던 새가족들도 이웃을 섬기는 다른 성도들을 보면서 기독교에 대한 생각이 바뀌었다고 말하는 것을 종종 듣는다. 우리 교회에 출석하게 된 교인들, 즉 다른 교회를 다니다 옮겨온 이들 중에도 과거에 교회 생활을 적극적으로 했든 소극적으로 했든 이웃을 섬기는 일을 직접 해본 적이 없는 경우가 대부분이었는데, 그들도 이웃을 섬기는 삶에 익숙해졌다.

이웃 봉사의 시간을 통해 성도들의 이웃 사랑은 자연스럽게 커져 가며, 선교와 구제를 위한 재정은 날로 풍성해졌다. 설교를 통해 배울 수 없는 진정한 사랑을 현장을 통해 배우며 행함과 진실함으로 사랑하는 법을 자연스럽게 체득하게 된 것이다. 실제로 이렇게 봉사활동을 하던 중 비전을 받아 사회복지사가 되어 새로운 인생을 시작한 성도도 있다. 평생 한 번도 어려움에 처한 이웃을 위해 봉사한 경험이 없었는데, 이제는 자주 봉사하는 삶을 살게 되었다고 고백하는 성도도 있다. 무엇보다 하나님 사랑을 직접 이웃 봉사로 실천하는 교회가 되었으니 참 감사하다. 늘 경쟁에 시달리며 살아가는 이 시대 도시인들에게 교회 내에서 하는 봉사뿐 아니라 교회 밖에서 이웃을 돌아볼 수 있는 경험은 하나님나라의 삶의 방식을 시작하는 계기가 되고 있다.

넷째, 다양한 기도회

한국 교회의 기도는 세계적으로 유명하다. 기도의 훌륭한 전통을 계승하는 것이 절대적으로 필요하다. 하지만 형식을 그대로 답습하는 것다 현대적으로 새롭게 계승하는 것이 필요하다는 것을 현장에서 많이 느꼈다. 세상의빛교회의 기도회 특징은 새벽기도회를 심야기도회로 전환하고, 기존의 금요기도회를 금요일과 토요일로 나눠 격주로 모이는 것이다.

새벽기도회를 심야기도회로 전환한 데는 여러 이유가 있다. 우선 밤 시간에 활동하는 것에 익숙해진 젊은 직장인들은 새벽기도회에 참여하는 것이 현실적으로 어렵기 때문이다. 또한 점점 지역 교회를 탈피하고 있는 상황에서 멀리 있는 성도들에게 새벽에 교회 출석을 요구하는 것도 어렵다. 젊은 세대에게는 더더욱 그렇다. 좀 더 많은 성도가 출석 가능하며 함께 기도할 수 있는 시간을 찾다 보니 저녁에 모이는 심야기도회를 택하게 된 것이다.

금요기도회를 토요기도회로 전환하는 시도도 현실적인 문제를 고려한 것이다. 많은 교회들에서 금요기도회에 참석하는 성도들이 줄어들고 있다. 주5일 근무가 정착하면서 늦게까지 일하는 직장인들이 많아졌고, 먼 거리에서 교회를 출석하는 성도들이 많은 도시 교회의 상황도 고려되었다. 세상의빛교회가 기도의 전통을 계승하기 위해 심야기도회와 토요기도회를 신설한 결과, 전보다 훨씬 많은 성도가 기도에 열심을 내고 있다. 야근이 많은 직장인들이 토요일 저녁에 좀 더 여유를 가지고 모이게 되었다. 세상의빛교회는 한국 교회의 기도의 전통을 시간을 바꿔 계승하고 있는 것이다.

또한 성도들이 기도회에 좀 더 능동적으로 참여하기 위해 금요일과 토요일 기도회에서는 찬양, 말씀, 통성기도 순서 이외에 개인기도와 공동체기도도 시행했다. 공동체기도는 기도회에 참석한 성도들이 4-5명씩 모여 기도제목을 나누고 함께 기도하는 것을 말한다. 자신을 위해 기도하는 동역자들이 있음을 확인하고, 함께 삶의 방향을 찾아가는 소중한 시간이 되고 있다.

나는 기도의 내용에도 관심을 기울였다. 한국 교회 안에는 기도의 이론과 실제 기도하는 내용 사이에 큰 간격이 있기 때문이다. 이론적으로는 성경적 기도를 가르치면서도, 기도에 정성이나 시간을 강조한다든지, 기도의 내용이 매우 세속적이라는 면에서 샤머니즘적 기도를 벗어나지 못했다고 본다.

유해룡은 건강한 기독교적 기도를 제안하면서 기독교적 기도와 샤머니즘적 기도를 구분한다. 그리스도인의 기도는 자신의 의지를 하나님의 뜻에 완전히 굴복시키려는 행위다. 샤머니즘적 기도는 종교의 대상을 향해 자신을 굴복시키지 않는다. 그들의 기도는 기도라는 수단을 통해 오히려 자신의 뜻을 더욱 강화시킨다.* 세상의 빛교회의 기도는 세상의 염려를 뒤로 하고 주의 나라와 의를 구하며, 하나님나라가 자신의 삶과 세상에 임하기를 구한다.

교회 공동체의 개개인은 하나님나라의 비전에 따라 결단했지만, 삶 속에서 여러 유혹을 만난다. 현실적인 불안과 두려움이 늘 존재

---

* 유해룡, "건강한 기독교적 기도", 목회와신학, 2013년 8월호, 32-33.

한다. 따라서 회중 예배를 통해 깨닫고 소그룹 예배에서 구체화된 삶의 결단을 삶의 현장으로 가져가는 데 종종 실패한다. 그러므로 교회는 성도들이 계속해서 하나님을 알아가고, 삶의 모든 선택의 순간에 하나님의 뜻을 구하고, 자신의 부족함과 나약함을 하나님께 내어 맡기고, 하나님의 통치 안에 자신을 위치시키며, 하나님의 도우심을 구하는 지속적인 기도생활을 통해 영적인 에너지를 공급받도록 도와야 한다.

지속적인 기도생활은 단순히 하나님께 나의 소원을 아뢰는 시간을 넘어서서 하나님과 교제하며, 하나님의 통치를 받아들이는 시간이 되어야 한다. 이것은 매일 제공되어야 하는 프로그램이다. 그러면 훈련된 성도는 개인적으로 시간과 공간을 초월하여 기도할 수 있게 된다. 매일 저녁의 심야기도회와 금요일, 토요일을 통해 이루어지는 공동체 기도회는 주일의 프로그램과 어우러져 성도들의 삶을 지탱해줄 수 있다. 이와 같이 성도들이 기도할 수 있는 기회와 시간을 개발하여 지속적으로 기도생활을 할 수 있도록 교회가 도와야 한다.

다섯째, 단기사역 프로그램

한국 교회 성도들은 모여서 예배하는 것에 잘 훈련되어 있다. 바라는 것을 얻기 위해 기도하는 것에 익숙하다. 하지만 하나님나라의 복음을 누리며 살아가기 위해 하나님의 통치를 구하며 기도하는 것은 어려워한다. 하나님나라의 가치관으로 말하고 판단하고 행동하며 살아가야 하지만, 이것은 쉽지 않은 작업이다.

우리는 교회를 다니지만 여전히 하나님을 뜻을 벗어나 자신의 욕망을 위해 살아가기 쉽다. 심지어 자신의 평안을 위해, 자신의 소원을 이루기 위해 기도하도록 가르치는 교회도 많다. 그렇다면 교회 생활은 하나님나라의 삶과 전혀 다른 것이 되고 만다. 교회에서도 돈과 권력을 사랑하고 자신의 욕망을 실현하려는 우상 숭배가 만연하게 된다.

성도들이 자신의 욕망을 따라 살아가는 삶을 벗어나 하나님을 사랑하고 이웃을 사랑하는 하나님나라의 삶을 살아가기 위해서는 고강도의 훈련이 필요하다. 자신의 욕망을 버리고 하나님을 사랑하고 이웃을 사랑하는 삶을 연습하는 시간이 필요하다. 그 연습을 하는 시간이 봉사와 선교다. 이러한 시간을 통해서 교회는 공동체의 개개인에게 예수께서 전하신 하나님나라를 누릴 수 있는 삶을 훈련시킨다. 따라서 교회는 자체의 조직을 유지하기 위한 봉사나 단순한 경험을 위한 선교 프로그램을 실시하기보다, 세상을 섬기고 실제적으로 선교에 동참할 수 있는 프로그램을 개발해야 한다.

세상의빛교회는 모든 성도가 온 세상에 하나님나라를 구현하는 일에 하나가 되기 위하여 연중 네 차례 정도 다양한 방법으로 단기 사역을 떠난다. 명절, 징검다리 연휴, 여름휴가는 성도들이 여러 나라로 작은 사명을 들고 나갈 수 있는 좋은 기회다. 시간이 많은 대학생이 주축이 되는 것이 아니다. 직장인이 여가를 선교에 헌신하는 것이다. 남편이 아이들을 봐주고 아내가 단기사역에 참여하는 경우도 있다. 온 가족이 가족여행 대신 자녀들을 데리고 단기사역에 참석하기도 한다. 물론 자비량이다. 이런 프로그램을 통해 성도들은 세계의 선교현장을 돌아보고 작은 일에 헌신함으로써 선교지를 위해 기도하며, 보내는 선교사로서의 사명을 열심히 감당하는 수준까지 성장한다. 세상의빛교회는 이렇게 다양하고 새로운 시도를 통해 하나님나라를 구현하는 건강한 교회로 성장하고 있다고 말할 수 있다.

다양한 사역의 동력

  복음으로 동기부여가 되지 않으면 위에서 열거한 다섯 가지 사역들을 제대로 정착시키기는 불가능하다. 분명하게 동기를 부여하는 말씀의 지도력이 세워지지 않으면 단순히 사람을 모으는 종교 운동은 가능할지 몰라도, 하나님나라를 구현하는 새로운 교회 운동은 불가능하다. 세상의빛교회는 이 모든 사역이 이루어지도록 끊임없이 성도들이 말씀을 읽고 연구하게 하고, 성도들과 말씀으로 소통한다. 무엇보다 성경 말씀을 하나님나라를 구현하는 관점에서 통독하도록 가르치고 있다.*

  어느 교회나 성경을 열심히 읽겠지만, 세상의빛교회는 하나님나라의 관점으로 말씀을 전할 뿐 아니라 일 년에 한 번 하나님나라의 관점으로 말씀을 통독하고 있다. 이 프로그램을 통해 성경 전체를

---

*   저자의 저서들과 말씀 운동과 세미나에 대한 정보는 세상의빛교회 홈페이지(www.fnlchurch.org)를 참고하라.

포괄적이고 통일성 있게 가르치면서, 하나님나라 관점으로 복음이 무엇인지 확신할 수 있게 된다. 예배 중 설교는 모두 듣게 되지만, 양육과 통독은 신청한 사람들만 받고 하게 된다. 대부분의 성도는 교회에 출석하면서 양육과 통독을 신청한다. 이렇게 계속된 말씀 운동을 통해 성도들의 마음은 하나님나라를 향하게 되고 복음에 대한 확실한 이해에 도달한다. 이러한 영적 토대 위에서 자연스럽게 앞에서 말한 다섯 가지 사역들이 이루어진다. 결국 하나님나라 관점의 말씀 운동과 계속된 기도 운동이 성도들을 모든 사역에 불러 모으는 핵심이었다고 고백하지 않을 수 없다. 다른 길은 없었다.

나는 매주일 저녁 7시에 다양한 말씀양육 프로그램을 진행한다. 이 프로그램들을 통해 놀라운 열매들을 얻었다.* 아무리 생각해봐도 우리 교회의 동력은 말씀 운동밖에 없다.

지난 시간을 돌아보면 '나의 부족함 때문에 하나님께서 참 힘드셨겠구나' 하는 생각이 절로 든다. 경험도 없었고 모델에 대한 연구도 부족했다. 따라서 많은 시행착오가 있었다. 목회 초기에 성도들에게 소그룹의 원리에 대해 양육하지 못했고, 목회자 개인의 인격적 부족으로 상처를 주는 일도 많았다. 하지만 전적인 주의 은혜로 말씀을 연구할 기회를 얻었고 열심히 복음을 가르치는 다양한 방법을 개발할 수 있었다. 그 결과, 앞에서도 소개했던 '하나님나라 제자훈련'과 '하나님나라 성경통독', 그리고 이러한 말씀 운동을 바

---

* 이 프로그램들에 대해서는 스마트폰 앱스토어에서 세상의빛교회 앱을 다운받으면 누구나 자료를 얻을 수 있다.

탕으로 구성된 복음 설교를 통해 새로운 교회 운동을 해나가고 있다.* 이제는 건강한 목회를 위한 성경적 원리를 찾아가는 것 같아 감사할 따름이다.

몇 년 전부터 하나님나라 관점의 말씀 운동을 나누기 위해 책도 출판하고 세미나 사역을 통해 건강한 교회 운동을 확산하게 되었다. 앞으로 좋은 교회를 고민하는 많은 사역자들을 통해 한국 교회 가운데 새로운 바람이 불 것이라는 기대를 하게 된다. 한국 교회 전반에 새로운 교회 운동이 필요하기 때문이다.

2부에서부터는 킹덤처치라는 새로운 교회 운동을 시작하게 된 배경과 동기, 신학적 고민, 그리고 실제로 세상의빛교회를 개척하게 된 과정을 보다 구체적으로 나누려 한다.

---

* 저자의 복음 설교와 성경 읽기에 대해서는 교회성장연구소에서 발간하는 월간 *교회성장*과 *맑은물가*를 참고하라.

2부
___

새로운 교회 운동을
담아내는 킹덤처치

05

왜 새로운 교회 운동인가?

벤 토레이 신부와의 만남

10년 전 강원도 태백에 있는 예수원에 방문했다. 대천덕 신부의 장남으로 삼수령 목장에서 통일 이후를 준비하며 사역하는 벤 토레이 신부를 만나기 위해서였다. 인상이 부드럽고 좋았으며, 한국어 솜씨도 제법 훌륭했다. 많은 이야기를 나누었고, 특히 북한에 대한 이야기를 많이 주고받았다.

그는 18개월 정도 북한에서 체류했던 경험을 바탕으로 내가 모르는 북한에 대한 이야기도 많이 해주었다. 미국인을 만난 김에, 세계 전역에 가장 많은 선교사를 보냈고 한국 교회 복음화에도 큰 역할을 한 미국 교회에 감사를 표했다. 벤 토레이 신부는 다음과 같이 한국 교회를 추켜세우며 화답했다.

"한국 교회는 세계 선교의 모범적 모델이며, 세계에서 국민 1인당 가장 많은 선교사와 선교비를 보내는 나라입니다."

기분이 좋았다. 우리는 삼수령 목장에서 키운 소고기를 구워 먹으며 긴 시간 즐거운 대화를 계속했다.

그가 해준 말이 맞다. 그게 한국 교회의 모습이다. 한국 개신교회는 누가 뭐래도 세계 역사 속에서 선교의 성공 사례며 모델이다. 세계 어디를 가도 한인 선교사를 만날 수 있다. 선교사들 때문에 한국에 대한 이미지도 대체로 좋다. 그런데 세계 어느 선교지를 방문해 봐도 그 나라 교회가 한국 교회처럼 자립하고 성장할 수 있을지 의문이다. 나아가 한국 교회처럼 세계에 선교사를 보내고 나눌 수 있는 교회가 될 수 있을지 확신이 서지 않는다.

숫자적 성장을 추구하는 것을 좋다고 말할 수 없지만, 한국 교회는 세계 역사에 유래 없이 폭발적으로 성장한 교회이며, 이 또한 긍정적으로 평가할 부분인 것은 분명하다. 역사가 짧기에 생긴 신학의 빈곤과 시대 변화에 따른 세속화 문제가 있었음을 인정한다 해도,* 지난 130년 동안 한국 교회는 질적으로 양적으로 눈부시게 성장했다. 세계 어느 지역을 가도 이렇게 짧은 역사 가운데 위대한 부흥을 이룬 사례는 찾아보기 어렵다.

한국 교회는 여전히 기도의 열정, 말씀의 권위, 구령의 열정, 선교의 열매로 가득하다. 한국의 어느 교회를 가도 열심히 기도하고 있고, 말씀의 권위를 철저히 인정한다. 전도와 선교에 대해서도 크

---

* 김세윤, "한국 교회 문제의 근원, 신학적 빈곤", *한국 교회 개혁의 길을 묻다*, 김세윤 외 19명 (서울: 새물결플러스, 2013), 17-36.

게 강조하고, 해외 선교에 사용하는 예산도 많다. 이것을 부인할 수 있는 사람은 없을 것이다. 이런 독특한 교회 모델이 세계 다른 지역에 또 나타날지는 주님만 아신다. 이런 한국 교회에는 자랑할 만한 기록 못지않게 부끄러운 기록도 많다.

PD수첩에 적힌 한국 교회

1990년 방송되기 시작해 지금까지 높은 시청률을 자랑하는 MBC 시사프로그램 'PD수첩'을 모르는 사람은 없을 것이다. 1999년, PD수첩은 내가 청년 사역을 하고 있던 교회를 다뤘다. 물론 교회의 미담을 소개하는 방송은 아니었다. 당시 그 교회는 부자(父子) 목회자 사이에 세습이 진행된 후였고, 많이 시끄러운 상태였다. 교회의 결정에 항의하는 모임이 산발적으로 계속되고 있었다. 교회에는 뭔가 모르게 검열의 분위기가 풍겼다. 내가 아는 얼굴들이 교회에 대해 고발하는 인터뷰 장면이 방영되었고, 교회는 당회원부터 청년까지 많은 지체를 다양한 이유를 들어 제명 출교 조치했다. 아는 얼굴들이 하나 둘씩 교회를 떠났다. 여기에 쓸 수 없는 많은 일이 있었다.

나로서 더 심각하게 느낀 문제는 교회에 남은 이들에게 자리잡은 교회와 목회자들에 대한 불신이었다. 불신은 당연히 그들의 믿음에 큰 영향을 미쳤다. 교회는 그렇게 무너지고 있었다. 그리고 거의 20년이 지났다. 이제는 내가 20년 전에 충격이었던 그 교회와 유사한 이야기가 아주 일상적으로 들려온다. 아는 이들과 대화를 하다 보면 교회의 크기에 상관없이, 많은 교회가 그때와 유사한 이야기를 자랑(?)하고 있다. 한국 교회는 이렇게 신뢰를 잃어가고 있다.

이런 상황에서 과거 한국 교회의 유산이 아름답다고 자랑하며 과거의 전통을 그대로 답습할 수는 없다. 한국 교회가 위기라는 말은 이미 10년, 아니 그보다 훨씬 이전부터 계속되어 왔다. 한국 교회는 1995년부터 정체를 거듭하다 2005년을 기점으로 해마다 조금씩 숫자가 감소해왔다. 이러한 위기는 각종 통계가 보여준다.* 최근 개신교 인구가 10년 전보다 약 100만 명 정도 늘어난 967만 명이라고 발표되었다. 하지만 교단마다 교세가 줄어든다는 통계가 이미 나와 있어 허수라는 의견이 다수다. 967만 명 중에는 자신이 기독교인이라고 주장하는 이단 교회 멤버와, 기독교인이라고 말은 하지만 교회에는 잘 나가지 않는 사람, 이른바 '가나안 교인'이 최대 200만 명 이상 포함됐을 것으로 추산된다.

지난 20년 동안, 내가 사역하던 그 교회를 필두로 교회 세습 문제는 계속 제기되었다. '교회 세습'이라는 용어의 적절성과 세습에 대한 성경적 근거는 논외로 하더라도, 교회 세습은 한국 사회로부

---

* 문화체육관광부, 한국의 종교현황 (2012), 9-13. 2005년 통계청 조사에 의하면, 1995년 8,760,336명이었던 개신교 인구가 10년 후인 2005년에는 8,616,438명으로 1.6%(약 14만 명)정도 감소했다. 반면 천주교(가톨릭)의 경우, 1995년 2,950,730명에서 10년 후인 2005년에는 5,146,147명으로 74%(약 220만 명)의 성장률을 보였다. 또한 종교별 교세 증감 현황을 살펴보면 2008년 290개였던 개신교회 단체 수가 3년 후인 2011년에는 232개로 감소하였다. 반면 같은 기간 동안 불교는 168개에서 265개로 증가하였다.: 권대익, "종교별 신뢰도 가톨릭불교개신교 순", 한국일보 2014년 2월 5일자. 기독교윤리실천운동(기윤실)이 전국의 19세 이상 남녀 1000명을 대상으로 실시한 '2013 한국 교회의 사회적 신뢰도 여론조사' 결과, 신뢰하는 종교를 묻는 질문에 가톨릭이 29.2%로 가장 많았으며 불교(28.0%), 개신교(21.3%), 유교(2.5%), 원불교(1.3%) 순이었다. 종교가 없는 사람들을 대상으로 한 신뢰성 질문에서는 가톨릭이 32.7%, 불교 26.6%, 개신교 8.6%로 나타나 개신교에 대한 무종교인의 신뢰도가 특히 낮은 것으로 나타났다.

터 한국 교회에 제기된 큰 문제였고, 복음 전파의 대상인 한국 사회의 대다수 국민에게 교회를 불신하게 하는 문제였음은 분명하다. 여기에 한국 개신교 부흥의 열매였던 대형 교회 사이에서 목회자의 성(性)과 재정에 대한 각종 추문이 터져 나왔다.

교회에 출석하는 성도 숫자가 줄어든 것보다 더 심각한 것은 기독교에 대한 신뢰도가 너무 낮아져 오래된 교회나 새롭게 세워지는 교회나 전도가 잘 되지 않는 것이다. 교회가 복음 사역의 동력을 잃어버렸고 사회에 미치던 선한 영향력이 실종되었다. 이러니 이제 한국 교회의 미래를 장담하기가 어려워졌다. 기독교는 복음의 운동력을 상실했다. 급속히 제도화되었고 자신을 지키기에 급급한 현실에 직면해 있다.

몸으로 느끼는 위기의 실체

사실 표면적으로 드러나는 숫자보다 심각한 것은 실제 성도와 목회자들이 몸으로 느끼는 위기다. 주위에 교회에 실망하는 성도가 너무나 많다. 그들 중 일부는 아예 교회를 떠난다. 일부는 주위의 큰 교회에 출석하지만 공동체와 거리를 두고 예배에만 참석한다. 기독교인이지만 교회에 나가지 않는 소위 '가나안' 현상은 도시의 젊은 세대를 중심으로 이미 발빠르게 확산되고 있다.* 교회에 다니긴 하지만 교회에 대한 염증을 느껴 신앙적 열정을 잃어버리고 '예배라도' 참석할 또 다른 교회를 물색하며 이리저리 방황하는 성

---

* 양희송, 가나안 성도 교회 밖 신앙 (서울: 포이에마, 2014), 35-39, 73-93 참고.

도가 셀 수 없을 정도다. 교회에 다니지만 교회가 어떤 선한 기능을 할 것이라는 소망을 가지고 있거나, 목회자를 존경하고 인격을 본받고 싶어하는 성도는 찾기 힘든 실정이다.*

이런 현상은 지난 몇 십 년 동안 급격한 변화 혹은 발전을 해온 한국 사회에서 나타난 세대 갈등에 편승해, 특히 젊은 세대에게서 심각하게 나타나고 있다. 지난 70년간 대한민국 굴곡의 역사를 한 인물을 통해 조명한 〈국제시장〉이라는 영화를 두고 진보와 보수 논객의 의견이 갈린 가운데 드러난 세대 갈등은** 교회 안에도 존재한다.

지난 130년 동안의 한국 교회의 발전과 부흥을 부정적으로 보는 진보적 시각이 젊은 세대를 통해 많이 나타난다. 교회에 염증을 느낀 성도 중에는 가톨릭으로 개종한 사람도 많다. 교회가 하나님의 복음으로 변화되어 세상을 변화시키는 에너지를 낼 것이라는 기대를 찾아보기 어렵다. 확실히 한국 교회는 복음 운동의 전초기지에서 제도화된 기관으로 전락하고 있다.

---

* 지호일, "한국 교회 신뢰도 또 추락, 기윤실 '한국 교회의 구조적 문제가 원인'", 국민일보, 2010년 12월 15일자. 기독교윤리실천운동(기윤실)의 '2010 한국 교회의 사회적 신뢰도 조사' 결과 한국 교회를 신뢰하느냐는 질문에 응답자 중 17.6%만이 '신뢰한다'(매우+약간)고 응답했다. 2009년 조사 때의 19.1% 보다 1.5% 포인트 하락했다. 반면 '신뢰하지 않는다'(별로+전혀)고 응답한 비율은 2009년 조사 때 (33.5%)보다 크게 증가한 48.4%나 됐다.; 신동명, "목회자 신뢰도 '급감' 도덕성 상실이 치명적", 기독타임즈, 2013년 4월 25일자. 한국기독교목회자협의회가 4월 19일 발표한 '한국인의 종교생활과 의식에 대한 조사결과'에서 다음과 같이 밝혔다. 이날 발표된 종교별 신뢰도에 따르면 천주교를 신뢰한다는 응답이 26.2%로 가장 많았고, 불교를 신뢰한다는 응답은 23.5%, 기독교를 신뢰한다는 응답은 18.9%에 불과한 것으로 나타났다. 한국 교회 불신의 주요 이유로는 '이단이 많아서'라는 응답과 '이기주의' 때문이라는 응답이 각각 10.7%와 10.5%로 가장 높았고, '목사와 교인의 언행불일치 때문'이 9.4%, '헌금을 강요하기 때문'이 9.1%, '목회자의 사리사욕 때문'이 6.6%로 그 뒤를 이었다. 한목협은 이번 조사 결과를 바탕으로 가장 변화가 시급한 분야로는 교회 지도자들(37.1%), 교회의 운영(31.3%), 교인들의 삶 (18.6%), 교회의 사회 활동(11.6%) 등을 꼽았다.

** 정철근, "국제시장 세대와 미생 세대가 공생하려면", 중앙일보, 2015년 1월 5일자.

나는 목회사역의 첫 10년 정도를 주로 한국 교회의 미래 세대인 대학생과 직장인, 즉 20대와 30대를 대상으로 사역했다. 이들 세대에서 나타나는 불신과 절망은 상상 이상이다.* 이미 중고등학생 때부터 입시로 인해 형식적인 예배만 드릴 수밖에 없었던 젊은 세대는 성인이 되어 교회에서 심각한 신앙적 회의를 느끼고 있다. 기복주의는 교육 수준이 높은 젊은층에게 외면당하고, 새벽기도와 주일성수, 십일조와 주초금지 같은 형태의 율법주의적 신앙규범은 그들에게 납득되지 못하며, 세속화되어 나타나는 교회의 각종 추문과 분쟁은 그들을 세상으로 내몰았다. 그뿐 아니라 교회는 성경의 문자적 해석에 근거한 여성차별에 이르기까지 비호감의 요소를 많이 갖추고 있다. 여기에 비판의식으로 무장된 세상의 반기독교 정서는 인터넷을 주요 소통 매체로 삼는 젊은 세대에게 치명타를 가한다. 이런 상태로 가면 한국 기독교가 곧 반토막날 것이라는 절망적 예상은 현실이 될 가능성이 높다.**

문제를 해결할 유일한 길

한국 교회는 이러한 위기를 어떻게 극복할 수 있을까? 한국 교회는 어떻게 하면 복음 운동의 도구로 계속 쓰임 받을 수 있을까? 나는 새로운 교회 운동이 필요하다고 본다. 복음에 대한 총체적 정의

---

* 최윤식, *2020 2040 한국 교회 미래지도* (서울: 생명의말씀사, 2013), 171-172. 저자는 세계화와 인터넷 문화의 영향으로 인한 '열린 사고와 표현의 자유'가 오늘날 신세대들 가운데 점차 확산돼가고 있다고 본다. 그러나 교회는 이들에 대한 이해와 공감이 부족하다. 이러한 부분에 환멸을 느낀 신세대들은 계속해서 교회를 떠나고 있으며, 그 수가 점차 늘어가고 있는 실정이다.

** 위의 책, 39-40.

와 성경에 대한 통합적 연구를 바탕으로 한, 근본적으로 새로운 교회 운동이 절실히 요청된다.

　일부 기독교인은 교회의 추문을 들추는 언론을 지적하면서, 반기독교적인 사회의 시각을 교정하려든다. 하지만 반기독교적인 언론의 시각을 비판함으로 교회가 야기한 문제를 해결할 수 없다. 언론을 막을 수 없을 뿐 아니라, 사회의 반기독교적 시각을 형성하는 데 일조한 교회가 뉴스의 소재인 추문을 계속 생산하고 있기 때문이다.

　기성 세대 성도는 젊은이들이 믿음 없고 헌신이 약하다고 비판한다. 하지만 교회를 떠나는 젊은이에게 책임을 전가하기만 해서는 이 문제를 극복할 수 없다. 젊은 세대는 기성 세대가 그럴수록 더 빨리 교회를 떠날 것이다. 교회가 스스로 윤리적 문제를 인정하고, 성경으로 돌아가 그 문제들을 야기한 신학적 문제를 찾아야 한다. 성경을 통해 문제를 해결할 새로운 교회 운동을 일으키는 것만이 유일한 길이다.

　미국의 혁신적 교회인 노스포인트교회의 담임목사 앤디 스탠리는 자신의 책《노스포인트교회 이야기》에서 다음과 같이 말한다.

　"(기독교인의) 온갖 위선 때문에 교회, 특히 대형교회들이 욕을 먹고 있다. 많은 사람들의 마음이 교회에 닫혀 있다. 바로 그런 사람들이 오고 싶은 교회를 만드는 것이 이 책의 주제다. … 분명히 말하지만, 내 생각에 모든 교회는 비종교적인 사람들이 다니고 싶어하는 교회가 되어야 한다."*

우리는 거대한 시대의 흐름을 거스르지 말고 성경으로 돌아가 교회의 문제를 돌아보며 새로운 방향을 설정해야 한다. 사람들이 오고 싶은 교회는 그냥 만들어지는 것이 아니다. 건물과 이미지만으로는 안 된다. 새로운 교회 운동이 답이다.

한국 교회 안에 새로운 교회 운동이 필요하다는 것에 많은 목회자와 성도들이 공감하고 있다. 사회의 신뢰를 회복하고, 미래 세대를 교회로 돌이킬 수 있는 새로운 교회 운동이 필요하다. 위기였던 교회가 새롭게 부흥한 사례는 얼마든지 있다.** 한국 교회가 얄팍한 눈가림에서 벗어나 다시 성경으로 돌아가서 복음의 기초를 확고히 하고, 130년 역사 속에 혹시라도 변화되어야 할 문제가 있다면 솔직히 인정하고, 변화를 위해 힘쓴다면 한국 교회의 저력은 다시 발휘될 것이다.

숫자적 성장이 멈춰버린 지금, 한국 교회에 하나님의 엄중한 경고의 목소리가 들려오고 있다. 더 이상 숫자적 성장의 패러다임에 갇히지 말고, 과거 한국 교회가 부흥했던 방식에 대한 집착을 버리자. 아무도 가르쳐주지 않았지만 자연스럽게 녹아 있는 교회 평가의 기준, 즉 교인수, 예산, 건물이라는 자본주의적 기준을 버리고

---

* Andy Stanley, 노스포인트교회 이야기, 윤종석 역 (서울: 디모데, 2014), 11-12.
** Elmer Towns and Douglas Porter, 세계 10대 부흥의 역사, 박현식 장기혁 공역 (서울: 가리온, 2002), 26. Elmer Towns와 Douglas Porter는 부흥이 끼친 영향력을 토대로 다음과 같은 순서로 기독교 10대 부흥에 대하여 설명하고 있다. 1904년의 부흥 제1차 대각성운동(1727), 제2차 대각성운동(1780), 각성운동(1830), 평신도 기도부흥운동(1857), 2차 세계대전 부흥운동(1935), 미국 베이비부머 세대의 부흥운동(1965), 중세의 부흥운동(1300), 개신교 개혁운동(1517), 오순절 부흥의 시작(A.D. 30).

분명한 복음의 기초 아래 교회의 본질을 회복하자.* 그리고 교회의 본질을 회복하기 위한 구체적인 방법을 찾고 교회에 적용하자.

　단순히 교회를 비판하는 목소리는 많다. "콘스탄틴 이전의 가정교회로 돌아가야 한다"는 식의 이상적인 구호도 많다. 또한 목사 없는 교회, 교회나 제도가 없는 기독교를 주창하는 사람도 있다. 그런 이야기를 왜 하는지 나는 잘 알고 있다. 뭔가 새롭게 고쳐보자는 것이다. 지금의 교회는 문제가 심각하다는 것이다. 맞는 말이다. 그러나 지금까지의 교회 역사를 다 묵살하고 갑자기 교회가 박해받던 시절, 건물을 세울 수 없었던 시절로 돌아갈 수는 없다. 사도행전에 이미 교회의 지도자, 직분, 제도들이 나타난다. 지금에 와서 다시 아무 제도도 없는 교회, 혹은 교회 없는 신앙을 주창할 수는 없다.

　어떤 사회도 역사를 따라 흘러온 변화를 갑자기 부정하고 전혀 새로운 제도를 만들 수는 없다. 지금은 이상적 그림을 그릴 때가 아니다. 성경이 구체적으로 가르치는 교회의 모습을 명확히 하고, 그런 교회로 회복되기 위해 구체적인 방안을 마련해야 한다.

새로운 교회 운동의 현실적 플랫폼

　한국 교회의 미래를 위해 새로운 교회 운동이 필요하다는 것에 동의한다면 가장 좋은 방법은 무엇인가? 새로운 교회 운동을 일으킬 수 있는 플랫폼을 세우는 것이다. 그 플랫폼은 기존 질서에 구애받지 않는 새로운 교회를 개척하는 것이다. 이제 교회가 없던 지역

---

* 　Tom Rainer and Ed Stetzer, 교회혁명, 궁인 역 (서울: 요단출판사, 2012), 72-73.

에 교회를 세우는 시대는 서서히 막을 내리고 있다. 이 시대의 교회 개척은 복음이 없는 지역을 복음화하기 위해 자립하고 건물을 짓는 것이 아니라, 시대가 요청하는 새로운 교회 운동을 담아내는 데 초점을 맞추어 진행되어야 한다. 새로운 교회 운동을 담아내기 위해서는 새로운 부대가 좋은 방법일 수밖에 없다. 교회 개척은 그 새 부대를 만드는 일이다.

교회를 개척하는 것은 쉽지 않다. 선배 목회자들의 말씀을 들어 보면 예전에는 10개 중에 한두 개가 남았다고 한다. 요즘에는 100개 중에 한두 개가 남는다고 한다. 1년에 수백 개의 개척 교회가 없어진다는 말도 나온다.* 하지만 청빙을 받아 기존 교회에서 사역하는 목회자들도 건강한 교회를 만들려면 차라리 개척하는 것이 더 낫다고 말한다. 오죽하면 그렇게 말하겠는가? 그만큼 전통 교회에서 새로운 교회 운동을 일으키기 쉽지 않다는 말이다.

반면에 무조건 교회를 개척한다고 해서 새로운 교회 운동이 일어나는 것도 아님을 많은 교회에서 볼 수 있다. 새로운 교회 운동을 위해 교회를 개척하려면 교회의 본질을 회복하고 미래 세대에게 소망을 줄 수 있는 교회가 무엇인지부터 분명히 정립할 필요가 있다. 또한 개척이 어려워진 만큼 더 치밀하고 철저한 준비가 필수적이다. 특히 빠른 속도로 도시화되어가는 이 시대에 다음 세대가 활동하는 문화의 중심지인 도시 지역을 중심으로 새로운 교회 운동

---

* 지호일, "미자립교회 '빈곤 악순환' 고착화 '건강한 교회'로 양육책 시급", 국민일보, 2009년 7월 29일자. 감리교단의 경우, 기독교대한감리회 본부의 조사결과에 의하면 매년 160개 정도의 교회가 설립되고 있으며, 60여개 교회가 폐쇄된다고 한다.

에 대한 시도가 많이 진행되고 좋은 모델들이 세워질 필요가 있다. 이를 위해 정말 철저한 기도와 연구와 준비가 필요하다.*

건강한 교회를 만들어가는 고민과 경험

내 주위에도 많은 전통 교회들이 교회의 갱신 방법에 대해 고민하며 나름의 대안을 찾아 실행하고 있다.** 이런 대안들과 더불어 새로운 교회 운동을 위한 개척의 모델이 실험된다면, 한국 교회의 미래는 다시 빛날 것이다.

나는 2006년 3월에 세상의빛교회를 개척했다. 우리 교회는 도시 한복판인 서울 서초동에 있다. 소위 젊은이들의 문화의 중심지 강남에서 매우 가깝고, 수많은 젊은 직장인이 자신들의 꿈을 펼치고 있는 곳이다. 대형교회들이 밀집해 있으며, 젊은 세대를 중심으로 교회에 대한 반감도 만만치 않은 곳이다. 교회에 대한 반감이 가득한 도시에서, 자본주의적 욕망이 꿈틀거리는 현장에서, 어떻게 새로운 교회 운동의 플랫폼을 세울 것인지에 대한 고민은 지금도 진행중이다.

이 책은 거대한 시대의 흐름 앞에서 새로운 교회의 대안을 찾아보려는 시도 중 하나다. 특히 자본주의 사회체제 아래 교회의 윤리

---

* Timothy Keller and J. Allen Thompson, Redeemer Church Planting Manual (New York: Redeemer Church Planting Center, 2002). 이 매뉴얼을 보면 얼마나 철저히 개척을 -준비해야 하는지 좋은 통찰을 얻을 수 있다.

** 곽성덕, "전통 교회 정체 극복과 활성화 방안 - 에덴교회를 중심으로-" (D.Min. diss., Fuller Theological Seminary, 2010), 4장; 최광영, "도시 교회 성장을 위한 전도주일 프로그램 사례분석과 방안" (신학박사 학위 논문, 총신대학교 목회신학전문대학원, 2009), 5장; 유양옥, "전통적 교회에서 셀을 중심으로 한 교회 활성화 방안 연구" (신학박사 학위 논문, 총신대학교 목회신학전문대학원, 2012), 4장 참고.

적 문제가 심각하게 제기되고 있는 상황에서 건강한 교회의 모습을 제시하고, 인구의 90% 이상이 도시에 살고 있는 한국의 현 상황에서, 도시 지역에 건강한 교회를 개척하기 위해 어떻게 준비해야 하는지 살펴보려는 것이다. 특히 내가 사역하고 있는 세상의빛 교회 사례를 중심으로, 개척이라는 방법으로 어떻게 건강한 교회를 만들어갈 것인가에 대한 답을 찾아보려는 고민과 경험을 나누고자 한다.

06

킹덤처치란 무엇인가?

교회 때문에 상처받은 믿음

하루는 어떤 자매가 찾아와 하소연했다. 자신이 너무나 사랑하던 형제에게 실망해 어찌할 줄을 몰라 아프다는 거였다. 이야기를 들어보니 관계를 단절할 만큼 큰 문제는 아니었다. 하지만 자매의 실망은 이만저만이 아니었다. 그녀가 관계를 단절하고 싶을 만큼 실망하고 그에 대한 믿음을 거둬들이려는 이유는 우선 형제의 잘못 때문이지만, 역설적으로 형제에 대한 자매의 특별한 믿음 때문이기도 했다. 그 형제만큼은 안 그럴 것이라 믿었던 자매의 믿음이 깨지는 순간 더 엄청난 절망이 찾아왔던 것이다.

사실 우리는 지금, 교회에 대해 이런 절망을 느끼고 있다. 우리 모두는 교회를 믿었다. 교회는 '안 그럴 것'이라 믿었던 거다. 세상은 점점 악해지고 세상에서 만나는 사람들은 믿을 수 없다 하더라도, 교회와 교회에서 만나는 목회자들은 안 그럴 것이라 믿었다. 하지만 그 믿음이 깨지는 순간, 믿음은 돌변하여 더 큰 불신과 절망을 만들어냈다.

사람들은 하나님나라를 잘 모르지만, 교회가 초월적인 하나님의 사역과 관련되어 있을 것이라 믿는다. 나는 그런 교회를 '킹덤처치'(Kingdom Church)라 부르려 한다. 말 그대로 하나님나라와 관련되어 있는 교회인 킹덤처치는 이 시대에 가장 중요한 키워드가 될 것이다. 하지만 지금 교회들은 하나님나라와 관련이 없어 보인다. 초월적인 모습, 뭔가 다른 모습이 드러나지 않는다. 사람들은 교회를 세상의 가치와 질서가 고스란히 녹아든 '세상처치'(World Church)라고 느낀다.

하나님나라와 관련된 교회를 세우는 일은 어느 시대나 가장 중요한 과제다. 모든 기독교 신앙은 교회를 통해 구현되고 전파되기 때문이다. 초대교회의 모습은 하나님나라의 축소판과 같았다. 역사상 영향력 있던 교회의 모습은 세상과 다른 특징을 가지고 있었다. 따라서 교회에 대한 믿음을 잃어버린 이 시대에 건강한 교회를 세우는 일은 기독교 신앙의 존폐가 걸린 중요한 문제다. 현재의 한국 교회는 예수께서 세우신 원래의 건강한 모습을 보여주지 못하고 있기 때문이다. 따라서 우리는 건강한 교회가 무엇인지 정의하는 일부터 시작해야 한다.

교회에 대한 믿음의 회복

교회 개척자 닐 콜은 자신이 추구하는 교회는 건강하고 번식하는 교회이며, 그 고유의 특성상 작고 친밀하며 사역에 헌신적일 수밖에 없다고 말했다.* 우리는 건강한 교회를 위해 친밀하며 헌신적인 공동체의 모습으로, 자본주의 사회의 화려함과 세상의 매력 같은 것과는 대비되는 따뜻하고 사랑 넘치는 공동체의 모습으로 다시 시작해야 할 것이다. 새로운 교회 운동을 위해 필요한 것은 먼저 우리 스스로 다시 교회에 대한 믿음을 갖는 것이다. 교회에 대한 절망과 포기를 넘어서는 것이다. 현상으로서의 교회는 늘 부족하고, 때로는 세상과 같은 모습을 보인다. 구약의 이스라엘 백성은 이방인보다 더 악을 행했다고 책망받기도 했다.

> 주 여호와께서 이와 같이 이르시되 이것이 곧 예루살렘이라 내가 그를 이방인 가운데에 두어 나라들이 둘러 있게 하였거늘 그가 내 규례를 거슬러서 이방인보다 악을 더 행하며 내 율례도 그리함이 그를 둘러 있는 나라들보다 더하니 이는 그들이 내 규례를 버리고 내 율례를 행하지 아니하였음이니라 _겔 5:5,6

이런 교회의 모습을 보면서 우리는 교회에 대한 소망을 포기한다. 하지만 하나님께서 이스라엘을 포기하지 않으시는 것처럼, 그들을 포로로 보내실지라도 다시 회복시키셨던 것처럼, 우리는 현

---

* Neil Cole, 오가닉 처치, 정성묵 역 (서울: 가나북스, 2006), 60-61.

상으로서의 교회가 악하더라도 그 교회를 회복시켜 쓰시려는 하나님의 계획을 바라보자.

그리스도인은 '거룩한 공회'를 믿는다고 사도신경에서 고백한다. 에드먼드 클라우니는 우리가 성부 성자 성령을 믿는 것과 동일한 방식으로 교회를 믿는 것은 아니지만, 교회는 분명 기독교 신앙의 내용이라고 말한다. 우리가 교회를 믿는 것은 교회가 인간의 제도가 아니라 하나님께서 만드신 것이기 때문이다.* 우리는 하나님께서 하나님나라를 구현하기 위해 친히 그의 아들을 통하여 교회를 세우셨고, 여전히 교회를 사용하신다는 믿음을 회복하자.

왜곡된 복음을 품은 교회

교회에 대한 믿음을 회복하기 위해 먼저 무엇이 필요할까? 바로 복음에 대한 우리의 이해를 점검하는 일이다. 교회에 대한 믿음이 상처를 받은 이유는 복음에 대한 이해가 왜곡된 탓이다. 김세윤은 한국 교회의 가장 큰 문제를 복음에 대한 왜곡된 이해라고 말한다.** 대표적으로 왜곡된 복음 이해의 두 양상을 꼽으라면 구원파적 복음과 기복주의적 복음이라 할 수 있다. 복음에 대한 왜곡된 이해는 현세적 책임을 거부하고 내세적 영생만 추구하는 기독교와 제자는 만들지 못하고 그저 종교적 재화와 용역의 소비자만 양

---

*   Edmund Clowney, 교회, 황영철 역 (서울: IVP, 1998), 81.

** 김세윤, 복음이란 무엇인가 (서울: 두란노 2003), 8-9.

산하는 복음을 만들어냈다.* 이렇게 왜곡된 복음에 기초한 교회는 왜곡된 공동체를 만들어낸다. 왜곡된 공동체는 성경에서 제시하는 공동체의 모습을 재현해내지 못한다. 즉, 하나님나라를 구현하지 못하는 공동체인 것이다. 그 왜곡된 공동체의 모습이 한국 교회를 조금씩 잠식해왔다. 결코 온전히 성경적이라 말할 수 없는 한국 교회의 모습은 한국에서 기독교의 역사가 짧기 때문에 생긴 문제라고 치부할 수만 없다. 기도와 말씀에 대한 열정, 큰 신학교들, 성장한 교회환경 등을 고려하면 복음에 대한 왜곡된 이해가 판을 치는 현실은 큰 문제라고 볼 수 있다.

스캇 맥나이트는 복음주의의 가장 큰 신념 가운데 하나가 각 개인이 거듭나거나 구원을 받아야 한다는 것이지만, 복음주의자들이 복음과 구원이라는 말을 동일시하는 것은 매우 큰 잘못이라고 지적한다.** 그는 복음주의자들이 개인의 구원을 복음의 전부로 착각하는 것이 현대 교회 모든 문제의 근원이라고 말한다. 그는 복음이 사람들로 하여금 예수 그리스도를 믿도록 결단하게 만드는 설득의 방법으로 축소되어 있음을 경고하면서, 복음은 예수 이야기, 나아가 성경 전체의 이야기로부터 이해되어야 한다고 주장한다.*** 김세윤과 스캇 맥나이트는 교회의 타락이 복음의 왜곡에서 왔다는 것을 이와 같이 보여주고 있다. 한국 교회에서 복음은 주로 '모

---

* Scot McKnight, *예수 왕의 복음*, 박세혁 역 (서울: 새물결플러스, 2014), 22.
** 위의 책, 41-43.
*** 위의 책, Ch. 2 참고.

든 사람이 죄인이기 때문에 예수를 믿으면 죄를 사함 받아 구원(내세의 천국에 가는 자격을 얻는 것)을 받는다'는 식으로 이해되었다. 이러한 복음 진술은 개인이 구원을 받았다는 확신에 이르게 하는 데는 유익이 크지만, 성경 전체 이야기로서 복음을 표현하는 데는 한계가 더 크다. 심지어 성경 전체의 복음을 왜곡할 가능성이 농후한 진술이다.

그동안 한국 교회는 복음을 설명할 때 성경 전체의 핵심인 '하나님나라'를 배제해왔다. 한국 교회 강단에서는 하나님나라를 복음과 '약간' 연관을 가진 하나의 신학적 주제로 다루는 경우가 많았다. 김형국 목사가 주장하듯, 한국 교회는 하나님나라와 복음을 이혼시켰다.* 우리는 이제 십자가에서 죽으시고 부활하신 예수를 통해 성취된 '하나님나라의 복음'을 기초로 하나님나라와 교회의 관계를 살피고 하나님나라의 복음을 구현하는 교회의 모습을 정립할 필요가 있다. 하나님나라와 복음을 재혼시키는 일이라고 할까?

하나님나라의 복음이란?

성경 전체 이야기를 총체적인 하나의 복음으로 이해하기 위해 마이클 고힌과 크레이그 바르톨로뮤는 성경을 6막의 드라마로 정리했다.** 성경 전체를 포괄해 복음이 무엇인지 명확히 이해하고 표현하기 위해서는 구약과 신약 전체를 아우르는 접근이 필요하

---

* 김형국, 하나님나라와 복음의 이혼을 넘어(1)(2), 2013년 11월에 뉴스앤조이에 기고한 글을 참고하라.
** 그들의 책 성경은 드라마다 (IVP)를 참고하라.

다. 성경 전체에 대한 포괄적 이해를 바탕으로 복음을 설명하기 위해 대부분의 성경신학자들은 예수의 가르침과 설교의 핵심인 하나님나라에 집중해야 한다고 조언한다.*

'하나님나라'라는 개념은 의심할 여지없이 공관복음서의 가장 핵심 개념이다. 나아가 나의 이전 책들에서 논증했듯이, 하나님나라는 성경 전체의 핵심이며 복음을 이해하기 위한 가장 중요한 개념이다.** 헤르만 리델보스는 '하나님의 나라'에 대한 계시만큼 중요한 어떤 다른 주제를 언급하는 것이 불가능하다고 했다.***

헤르만 리델보스는 하나님나라가 신약과 구약을 넘나들며 하나님의 구원 사역을 요약하고 확증하는 하나님의 언약 사상이나, 죄인이 믿음으로 의롭다함을 얻는다는 칭의사상보다 더 광범위하고 포괄적인 개념이라고 주장한다.**** 성경 전체의 중심 개념이며 예수께서 전하신 복음 자체인 하나님나라는 무엇인가?

조지 래드는 하나님나라에 대한 학자들의 다양한 견해를 다음과 같이 정리했다. 하르낙(Adolf Von Harnack)은 하나님나라를 우리의 정신 속에 경험되는 것, 영혼에 존재하는 내적 힘으로 정의했다. 도드(Charles H. Dodd)는 세상 나라와 전혀 다른 어떤 것, 그리고 슈바이처(Albert Schweitzer)는 역사 끝날에 도래할 초자연적

---

* 주성준, *예수와 하나님나라* (서울: 혜안, 1995), 61.

** 나의 책 *하나님나라 관점으로 구약관통*, *하나님나라 관점으로 신약관통* (넥서스CROSS 2014), *하나님나라 제자훈련* (목양 2016)의 1과를 참고하라.

*** Herman Ridderbos, *하나님나라*, 오광만 역 (서울: 솔로몬, 2008), 15.

**** 위의 책, 63.

인 나라로 정리했다. 가톨릭은 유형교회로, 개신교회는 무형교회로, 또한 여러 신학자들이 하나님나라를 이상적인 인간사회로 정의하는 경향이 있다고 했다.* 이러한 정의들은 하나님나라에 대한 부분적이고 부족한 이해일 뿐이다.

김세윤은 하나님나라가 세 가지 뉘앙스를 가진 용어라고 했다. 그는 하나님나라를 역동적(통치), 영역적(땅), 대상적(사람)인 뉘앙스로 파악한다.** 피터 레이하르트는 하나님나라를 예수 그리스도의 삶, 죽으심, 부활, 그리고 승천 속에서 그리스도께서 세우신 새 세상의 질서이며, 오직 그리스도의 재림 때 충만히 계시되고 확립될 만물의 새 질서라고 정의했다.*** 나는 하나님나라가 세 차원으로 설명되어야 한다는 김세윤의 의견에 동의하며, 피터 레이하르트가 주장하는 것처럼 회복된 현세에 대한 개념이 포함되어야 한다고 믿는다.

나는 하나님나라를 어떤 추상적인 개념으로 설명하는 것을 지양하고, 성경 전체의 이야기를 통해 어떻게 설명할 것인가에 집중하려 한다. 성경을 통해 하나의 거대한 이야기로서 하나님나라를 설명하는 데 가장 효과적인 방법은 핵심 개념을 제시하고 그 개념을 따라 성경 전체를 묶어내는 것이다.

하나님나라를 이해하기 위한 세 가지 개념은 백성, 땅, 주권이다.****

---

*   George E. Ladd, *하나님나라의복음*, 박미가 역 (서울: 서로사랑, 2001), 17-19.

**   김세윤, *예수와바울* (서울: 두란노아카데미, 2008), 47.

***   Peter Leithart, *하나님나라와능력*, 안정진 역 (서울: 기독교문서선교회, 2006), 39.

**** 이종필, *하나님나라 관점으로 구약관통* (서울: 넥서스CROSS, 2014), 20-30 참고.

그레엄 골즈워디는 구약을 하나님나라의 개념으로 읽을 수 있도록 해준 매우 중요한 연구를 발표했다. 그의 책《복음과 하나님의 나라》는 구약과 신약을 통일성 있게 하나님나라 개념으로 이해하도록 돕는다.* 그는 구체적으로 하나님나라의 개념을 다스리는 왕, 다스림을 받는 백성, 다스림이 존재하는 것으로 인정되는 영역이라는 세 개념으로 이해할 것을 제안했다.** 이러한 제안은 실상 김세윤의 세 가지 뉘앙스와 같은 것이다. 결국 다스림을 받는 대상인 백성, 다스림의 영역을 의미하는 땅, 다스리는 왕 되신 하나님의 주권, 이 세 가지가 하나님나라를 설명하기 위한 가장 핵심적 개념이라 할 수 있다.

이 개념들을 중심으로 하나님나라는 '하나님의 백성이 하나님께서 주신 땅에서, 하나님의 통치를 따라 존재하며 복을 누리는 회복된 땅 혹은 그 나라의 현실'로서 '이스라엘에 의해 계시되고 예수에 의해 궁극적으로 성취되어, 재림과 더불어 내세에 완성될 하나님의 구원의 실재'라고 정의할 수 있다. 예수를 주로 고백한 하나님의 백성에 의해 하나님의 구원의 실재가 이 땅에 드러나 하나님의 복으로 만물이 회복되고, 장차 예수 그리스도께서 다시 오셔서 세상을 심판하시고, 올 세상에서 완성될 것이라는 소식이 바로 하나님나라의 복음이다.

하나님나라는 하나님의 창조 이후 이미 에덴동산에서 구현되었

---

*   Graeme Goldsworthy, 복음과 하나님의 나라, 김영철 역 (서울: 성서유니온, 2000), 51.
** 위의 책, 57-58.

고, 이스라엘 백성에 의해서 부분적으로 체험되며 장차 올 것으로 고대되었으며, 메시야 예수를 통해서 이 땅에 다시 실현되어 만물의 회복을 목적으로 진행되다가, 결국 예수의 재림으로 완성될 하나님의 계획이다.

창세기 1-11장은 잃어버린 하나님나라의 이야기이며, 구약은 메시야를 통해 온 땅에 하나님나라를 회복하시려는 하나님의 계획에 대한 이야기이며, 신약은 예수 그리스도를 통해 실현되고 완성을 향해 나아가는 하나님나라 이야기이다. 예수의 모든 가르침은 하나님나라에 대한 것이며, 탄생에서 부활, 승천까지의 예수의 모든 사역은 하나님나라를 성취하시는 과정이었다. 간단히 정리하자면, 하나님나라의 복음은 예수께서 선포하고, 증거하고, 가르치시고, 죽음과 부활로 성취하신 '하나님나라'가 임한다는 소식이다.

하나님나라와 교회의 관계

복음이 하나님나라가 임한다는 소식이라면, 하나님나라와 교회는 불가분의 관계에 있어야 한다. 하나님나라는 추상적이고 비가시적인 개념이며, 교회는 인간 구성원으로 구성된 가시적 조직이나 모임이기 때문에, 하나님나라와 교회가 전혀 일치하지 않는다고 과격하게 주장하는 사람들이 있다. 심지어 교회는 예수께서 예상했던 영역 밖의 것이었다고 주장하기까지 한다. 조금 온건한 학자들조차 예수께서 지향했던 공동체는 이상적인 공동체였기 때문에 교회와 다르다고 주장했다.*

예수께서 가르치신 공동체는 이상적인 하나님나라를 지향하지만, 예수께서 이루신 공동체는 이미 이상적인 모습과 거리가 있었다. 예수께서 마태복음 18장을 통해 언급하신 교회는 온전한 자들의 공동체가 결코 아니었다. 교회는 오히려 예수께서 전한 하나님나라의 복음에 대한 자연스러운 결과물이다. 교회는 하나님나라에 대한 소식을 고대하는 자들의 공동체로서, 여전히 악한 세상 속에서 완성을 향해 나아간다. 하나님나라의 복음 전파의 자연스러운 결과는 이상적 교회가 아니라 현실적 교회이다. 이 교회 공동체는 하나님나라와 동일하지는 않지만, 하나님나라가 드러나며 하나님나라의 도구가 될 것이다.**

조지 래드는 예수의 사역 속에 임재한 하나님의 역동적인 다스림에 응답할 것을 사람들에게 촉구하여, 결과적으로 하나님나라가 교회를 창조한다고 말한다.*** 교회는 예수의 하나님나라 성취의 결과로 세상에 나타난 것이다. 구약의 이스라엘도, 신약의 교회도 하나님의 역동적 다스림의 결과였고, 동시에 불완전하지만 하나님나라를 가시적으로 구현하는 공동체이며, 예수를 복음으로 전하며 온 세상에 하나님나라를 구현하는 도구라는 사실이 분명해진다. 레슬리 뉴비긴은 교회를 천국의 맛보기, 도구, 하나님의 통치의 표지로

*   Ridderbos, *하나님나라*, 432-461.
**   Lesslie Newbigin, *오픈 시크릿*, 홍병룡 역 (서울: 복있는사람, 2012), 196.
*** George E. Ladd, *하나님나라*, 원광연 역 (서울: 크리스천다이제스트, 1997), 538-539.

설명했는데, 이는 하나님나라와 교회의 관계를 염두에 둘 때 적절한 설명이다.* 따라서 복음의 공동체인 교회는 반드시 하나님나라와 관련하여 진술되어야 한다. 복음이 하나님나라에 대한 소식이기 때문이며, 교회는 하나님나라 복음의 결과물이기 때문이다.

킹덤처치를 세 가지로 정리하면

예수께서 십자가에 달리시기 전 이미 예고하셨던 교회, 천국의 맛보기이자 도구로서의 교회를 의미하는 가장 좋은 표현은 킹덤처치다. 킹덤처치는 새로운 교회 운동의 목표와 구체적인 전략을 보여준다. 하나님나라의 복음을 누리며, 하나님나라를 확장하는 도구로서의 킹덤처치의 원리와 구체적 의미들을 따라가며, 킹덤처치가 제시하는 방향으로 교회를 갱신하며, 새로운 교회들이 개척되는 것이 21세기 새로운 교회 운동의 핵심이다. 하나님나라의 복음에 대한 온전한 이해를 바탕으로 그 나라를 누리며, 동시에 그 나라를 확장하는 사명을 감당하는 교회를 의미하는 가장 좋은 표현이 킹덤처치라고 나는 믿는다. 왜냐하면 복음은 하나님나라(Kingdom)에 대한 소식이므로, 그 하나님나라의 공동체를 킹덤처치라 표현하는 것이 가장 적합하기 때문이다. 앤디 스탠리는 교회 역사를 통해 안타까운 사실이 있다고 지적한다. 그것은 교회가

---

* Lesslie Newbigin, *교회란 무엇인가*, 홍병룡 역 (서울: IVP, 2010), 179-181. 여기에서 짚고 넘어갈 것은 Newbigin이 교회를 도구로만 보아서는 안 된다고 말한다는 것이다. 그는 교회는 단순한 수단이 아니고 그 자체가 하나의 목적이기 때문에 수단이 될 수 있다고 말하면서, 교회를 도구화하는 것을 경계하고 있다.

로마에서 합법화되면서 지독하게 조직화되어 하나의 제도가 되어 버렸다는 것이다. 교회에 대해 처음에는 설명할 수 없던 것이 제도로 바뀌고, 교회가 운동보다 체제에 가까워졌기 때문에, 2천년이 지난 시대를 사는 우리는 현대 교회가 본래의 정체와 목적과 열정을 되찾고자 씨름해야 한다는 것이다.* 그러므로 우리는 킹덤처치로 돌아가야 한다. 하나님나라의 복음에서 출발하여 그 나라의 복을 누리고, 그 나라의 복을 증거하는 사명을 감당하는 교회로 돌아가야 하는 것이다. 교회는 늘 연약한 사람들로 구성되어 있고, 따라서 변질될 위험에 노출되어 있다는 것이 역사를 통해 증명되었다. 교회가 변질되어버린 이 시대에 본질적 교회인 킹덤처치로 돌아가는 것은 너무나 필요하고 중요하다. 이토록 중요한 킹덤처치를 세 가지로 정리할 수 있다.

첫째, 킹덤처치는 하나님나라 백성 공동체다

교회는 복음의 핵심이자 백성, 땅, 주권의 세 가지 요소로 구성된 하나님나라와 관련하여 정의되어야 한다. 킹덤처치는 먼저 예수 그리스도의 사역을 통해 하나님께서 택하고 부르신 하나님나라 백성 공동체라고 정의할 수 있다. 킹덤처치는 예수를 주요 메시야로 고백한 백성의 공동체로, 예수를 통해 세워진 언약 공동체다. 킹덤처치의 구성원은 예수를 주 예수 그리스도로 고백하며, 자신들이 온전히 하나님의 은혜로 구원 받은 자라는 정체성을 갖는다. 하

---

* Andy Stanley, 노스포인트교회 이야기, 60.

나님나라는 하나님께서 자신의 전적 주권으로 세상 중에서 백성을 택하심으로 시작되는 것이기 때문이다.

헤르만 리델보스는 하나님나라(혹은 왕국)를 의미하는 헬라어 '바실레이아'를 그리스도 안에서 성취되고 완성되는 하나님의 큰 구원 사역으로 정의하며, 교회를 의미하는 '에클레시아'는 하나님에 의해 선택되어 부르심을 받고 '바실레이아'의 복을 누리는 백성이라고 정의했다.* 따라서 킹덤처치는 하나님나라를 누리는 공동체이다. 하나님의 택함을 받아 하나님의 통치에 순종하며 복을 누리는 공동체인 것이다. 킹덤처치는 당연히 하나님나라와 관련된다. 킹덤처치가 하나님나라 자체는 아니라 하더라도 하나님나라(바실레이아)의 복을 누리는 백성의 공동체이기 때문이다. 동시에 하나님나라로 백성을 불러 모으는 도구이다. 그것이 바로 부름 받은 백성을 의미하는 '에클레시아'이다. 신약에서 교회가 이 '에클레시아'로 표현된다. 에클레시아는 하나님나라의 백성 공동체를 의미한다.

벌코프에 따르면 구약에서 '교회'를 암시하는 단어는 '카할'과 '에다'이다. '카할'은 '부르다'라는 의미를 가지고 있으며 이스라엘 백성의 모임을 의미한다. '지정된 장소에 모인다'는 의미의 '에다'는 약속에 따라 모이는 모임을 의미했다. 후에 헬라어 구약성경인 칠십인경에서 '에다'는 주로 헬라어 '쉬나고게'로 번역되었으며,

---

*   Ridderbos, 하나님나라, 459.

'카할'은 일반적으로 '에클레시아'로 번역되었다.* 벌코프는 홀트의 의견을 제시하며 '카할'이라는 단어가 '에다'의 의미까지 포함하여 후에 카할의 번역인 '에클레시아'가 자연스럽게 유대인의 회중을 의미하게 되었다고 정리한다.** 결과적으로 1세기에 '쉬나고게'는 마을마다 있었던 유대인의 회당을, '에클레시아'는 예수 그리스도를 따르는 공동체로 간주된 회중을 의미하게 되었다. 다시 정리하자면, 킹덤처치는 하나님의 에클레시아로서 예수를 믿고 따르는 공동체다.

마이클 호튼은 예수께서 구약성경의 '카할'의 헬라어 번역이었던 '에클레시아'를 사용하고 있지만 그의 사역을 통해 그 용어를 재정의하고 있다고 말한다.*** 즉 구약은 이스라엘 백성을 '카할'이라고 불렀고 그것이 '에클레시아'로 번역되었지만, 예수가 사용한 '에클레시아'는 구약의 이스라엘을 의미하는 것이 아니라 예수께서 선포하시고 성취하신 하나님나라의 복음을 따라 '새롭게 재구성된 이스라엘'을 의미하게 된 것이다. '에클레시아'가 '세상으로부터 불러 모은 회중'이라는 문자적 의미를 가진다는 점을 추가한다면, 에클레시아인 킹덤처치는 '예수를 주요 메시야로 믿고 세상으로부터 부름 받아 모인 하나님나라의 백성 공동체'를 의미한다고 정리할 수 있다.

---

*　Louis Berkhof, 조직신학(하), 권수경, 이상원 역 (파주: 크리스천다이제스트, 1991), 811.
**　위의 책. 812-813.
***　Michael Horton, 개혁주의 조직신학, 이용중 역 (서울: 부흥과 개혁사, 2012), 713-714.

앤디 스탠리는 헬라 문화권에서는 에클레시아가 공무의 목적으로 소집된 시민들의 모임이거나 군사적 목적으로 불려나온 군인들의 모임을 가리키던 말이라고 지적하면서, '에클레시아'란 특수한 목적을 위해 부름 받은 사람들의 모임 내지 회합이었으며, 특수한 장소를 뜻한 적은 없고 오직 특수한 모임의 의미로만 쓰였다고 말했다.* 따라서 '에클레시아'(교회)라는 용어 속에는 구약의 성막이나 예루살렘 성전이나 특정한 교파나 조직이 아니라, 예수가 성취한 하나님나라의 복음을 확장하기 위해 하나님의 백성을 불러 모으는 특수한 사명 공동체라는 뜻이 들어 있다. 그런 점에서 킹덤처치는 하나님의 택함을 받아 하나님나라를 누리며, 동시에 하나님나라 백성을 불러 모으는 사명 공동체다.**

교회가 하나님나라 백성 공동체라면 끊임없이 두 가지 사명을 감당해야 한다. 하나는 구성원들에게 하나님 백성의 정체성을 가지고 살아가도록 독려하여 하나님나라의 복을 누리도록 하는 것이며, 다른 하나는 복음을 증거하여 하나님의 백성을 불러 모으는 것이다. 하나님나라 백성 공동체로서의 킹덤처치는 하나님과 그의 아들 예수 그리스도가 불러 모은 유일한 공동체이다.

둘째, 킹덤처치는 창조세계(땅)를 회복하는 복의 통로다

킹덤처치는 하나님나라를 이 땅에 구현하여 하나님의 창조세계

---

* Andy Stanley, 노스포인트교회 이야기, 65-66.

** 위의 책, 179-185.

를 회복하는 복의 통로라고 정의할 수 있다. 교회는 하나님나라와 관련되어 진술되어야 한다. 하나님나라는 먼저 이 땅에 임한다. 따라서 교회는 이 땅에 하나님나라가 임하는 통로로서 하나님의 창조세계를 회복한다. 왜곡된 피조세계는 복의 통로로서의 킹덤처치를 소망한다. 하나님께서 창조하신 땅이지만, 그러나 인간의 반역으로 하나님의 복이 사라진 땅을 회복하는 일은 그리스도의 사역에서 가장 중요한 일차적 목표다(행 3:20,21). 킹덤처치는 바로 그리스도의 사역을 수행하는 복의 통로이며, 세상의 유일한 소망이다.

에릭슨은 교회를 세우신 목적이 단순히 교회 존재 자체에 있지 않고 교회를 향하신 주님의 의도를 성취하는 것이라고 말했다. 그러면서 그 주님의 의도 중 첫째가 땅끝까지 전도하는 것이라고 했다.* 전도는 단순히 누군가가 예수를 믿게 하는 것이 아니다. 예수를 믿은 자들을 통해 하나님의 통치가 임하게 함으로써, 하나님의 복으로 이 땅이 회복되게 하는 더 넓은 개념으로 이해하는 것이 더 적절하다. 그런 면에서 킹덤처치는 복음으로써 이 땅을 하나님나라로 회복하는 것이다.

킹덤처치는 철저히 자신이 파송된 땅에 관심을 기울인다. 데릴 구더는 교회(의 선교)가 부르심에 신실하기 위하여, 반드시 특정한 환경 안에서 문화적으로 적절하도록 '현장'이 있어야 한다고 말하

---

*   Erickson, 교회론, 61-66.

면서, 그 현장을 주의 깊게 연구하고 이해하라고 요청한다.*

구약의 하나님의 백성에게는 하나님의 통치 영역으로서 가나안 땅이 주어졌다. 가나안 땅은 하나님께서 이스라엘 백성에게 선물로 준 복의 영역이며, 동시에 하나님의 통치를 구현해야 할 사명의 영역이었다. 구약에서 하나님의 백성에 대한 언급과 더불어 늘 땅이 제시된 것에 주목하자(신 6:10; 수 11:23; 느 9:22-25; 시 78:55, 135:10-12). 하나님의 백성에게 땅을 주시고, 땅에 하나님의 통치가 복원되어 회복이 일어나도록 하는 것이 구약의 가장 주된 주제였다. 킹덤처치는 땅이 어떻게 회복되어 복이 충만하게 될 것인지에 관심을 기울인다.

신약에서는 구체적으로 땅을 명시하지 않는다. 하지만 신약에서도 이 땅이 회복될 것이라는 말씀은 계속된다. 예수의 사역은 회복을 목적으로 한다. 회복을 위해 회개가 요청된다. 회개는 자기 통치를 종결하고 하나님의 통치를 따르는 것이며, 그것이 땅이 회복되는 길이다. 킹덤처치는 땅의 회복을 위해 이 시대의 방식을 거절한다(롬 12:2). 바울의 서신들은 예수 그리스도의 십자가의 죽음과 부활을, 자신의 욕심을 이루는 삶의 종결과 성령의 인도하심을 따라 하나님의 통치를 이루는 새로운 삶으로 적용한다(롬 6:3,4).

킹덤처치는 예수의 부활을 통해 하나님의 복으로 이 땅이 새롭게 되는 소망의 근거를 발견한다. 그리고 그것을 위해 기도한다(마 6:9,10). 이것이 우리가 복을 누릴 수 있는 유일한 방법이며, 하

---

* Guder, *선교적 교회*, 48.

나님의 창조세계가 회복되는 길이기 때문이다. 킹덤처치가 소망하는 회복의 영역은 사람 자신부터(롬 6:12,13) 모든 관계와(엡 5:21-6:9; 골 3:18-4:1) 이 세상 만물에 이른다(엡 1:20-23).

스티븐 매키아는 교회가 건강하기 위해서는 교회 밖에 초점을 맞추어야 한다고 말한다.* 킹덤처치는 교회 밖인 이 땅을 바라본다. 이것이 바로 레슬리 뉴비긴이 말하는 종말론적이며 선교적인 교회, 즉 세상을 향하는 교회이다.**

하나님께서는 이 땅에 킹덤처치를 세우시고 끊임없이 땅을 새롭게 하신다. 킹덤처치는 하나님께서 온 세상을 회복하기 위한 플랫폼이다. 킹덤처치는 개인 경건과 공동체를 넘어서 교회가 파송된 이 세상 전체를 교회의 목적으로 이해하고, 하나님의 통치 영역인 이 땅의 회복을 위해 늘 고민한다. 킹덤처치는 세상의 권세가 아니라 영적 권세, 즉 하나님의 공의와 정의에 순종하는 삶의 능력으로 세상을 다스린다. 그렇게 하나님의 정의와 공의를 구현하며 살아가도록 세상을 가르치며, 탐욕과 죄로 물들어 하나님의 저주 가운데 있는 땅의 회복을 도모한다. 이것이 대위임령의 진정한 의미다(마 28:19,20). 이 대위임령에 충실한지의 여부가 킹덤처치의 미래와 운명을 결정한다. 하나님께서 이 땅의 회복을 위해 교회를 세우셨다는 것을 기억하자.

---

* Stephen A. MacChia, 건강한 교회를 만드는 10가지 비결, 김일우 역 (서울: 아가페, 2000), 261.

** Newbigin, 교회란 무엇인가, 178-179.

셋째, 킹덤처치는 통치를 구현하는 그리스도의 몸이다

백성 · 땅 · 주권의 개념으로 하나님나라를 이해한다면, 교회는 하나님의 통치를 구현하는 도구여야 한다. 교회는 하나님께서 다시 세상을 통치하시기 위해 세우신 기관이다. 따라서 킹덤처치는 하나님의 통치를 구현하는 그리스도의 몸이라는 정체성을 갖는다. 하나님의 통치는 예수를 주로 고백하는 백성에 의해 성령의 인도하심으로 발현된다.

조엘 비키는 예수께서 '내 교회'(마 16:18)라는 표현을 통해 하나님의 백성이 자신의 소유임을 분명히 말씀하셨다고 강조한다.* 바울도 교회의 머리를 예수 그리스도라고 반복적으로 말한다(엡 1:22, 골 1:18). 조지 래드는 교회의 사명은 하나님의 나라를 증언하는 것이라고 했다.** 킹덤처치는 세상과 다른 존재 방식을 통해 하나님나라를 증언하며 하나님 통치의 새 질서를 이 세상에 드러낸다. 데럴 구더는 예수가 하나님의 통치 아래에 살면서 하나님의 통치를 이 땅에 구현하는 것을 자신의 선교라고 인식했음을 강조한다.*** 예수의 모범을 따르는 킹덤처치는 하나님의 통치를 이 땅에 구현할 때 예수님의 가르침에 가장 충실한 공동체가 된다. 구약은 하나님께서 이 땅에 하나님의 구원 역사를 이루어가시기 위해 하나님의 백성을 택하시고 그들에게 땅을 주시고, 그들에게 하나님의 언약의 말씀인

---

* John MacArthur 외, 솔라 에클레시아, 조계광 역 (서울: 생명의말씀사, 2001), 39-41.

** Ladd, 하나님나라, 539-542.

*** Guder, 선교적 교회, 158.

율법을 통해 하나님의 주권을 구현하려는 이야기다. 신약의 교회에도 동일한 원리가 적용된다. 하나님께서는 성령을 통해 예수 그리스도를 믿게 하심으로 백성을 부르시고, 그들에게 이 세상 모든 영역을 하나님의 통치 영역으로 선포하시고, 모든 교회가 하나님의 주권적 통치를 실현하는 공동체로 존재하라고 명령하신다.

하나님의 통치를 구현하는 그리스도의 몸으로서의 킹덤처치는 구약과 신약의 이야기 안에 존재하는 교회다. 데럴 구더는 교회가 예수님 같이 하나님의 통치의 권위 안에 살면서 하나님의 통치를 구현한다고 말한다.* 예수께서 전하신 하나님나라의 삶의 방식에 대한 가르침과 서신서에 나타나는 교회의 삶에 대한 가르침은 사실 구약 시대에 하나님의 주권을 인정하는 삶을 가르쳤던 율법의 연장이며 갱신이요 완성이다(마 5:17,18). 하나님께서는 성령을 통해 하나님의 주권을 성취하신다(갈 5:16,17). 킹덤처치는 하나님의 주권적 통치를 실현하며, 그 결과 주어지는 하나님나라의 복을 이 세상에 제시하는 공동체다. 교회가 단순히 규모와 조직을 키우는 데 힘을 쏟는다면, 그 자체가 세상과 다르게 하나님의 통치를 받는 삶을 살아가라는 통치 명령에 반하는 것이다.

에드먼드 클라우니는 교회를 그리스도와 별개로 생각하는 것에서부터 교회의 타락이 시작된다고 강력하게 경고한다.** 이런 면에서 교회를 그리스도와 연관하여 진술한 바울의 표현인 '그리스도

---

* Guder, 선교적 교회, 159.
** Clowney, 교회, 14-17.

의 몸'은 대단히 중요하다. 교회의 타락은 그리스도의 초월적이고 유기적인 통치가 사라진 인간의 조직에서 나온다. 몇 가지 문제를 해결하거나 좀 다른 시도를 해본다고 해서 건강한 교회가 세워지지는 않는다. 건강한 교회가 세워졌다고 해도 그리스도와의 영적 연합이 사라지면, 건강한 교회로 제시되었던 교회 자체라도 그 또한 자신의 전통을 자랑하는 교회가 된다.

가톨릭교회를 개혁한 개신교회가 또다시 개혁의 대상이 되고 있는 이 시대의 단상은 교회의 구성원들이 항상 그리스도와의 영적이고 유기적인 관계 속에서 존재해야 인간의 타락으로부터 자유로울 수 있음을 보여준다. 킹덤처치는 어떻게 하나님의 통치가 그리스도의 주되심을 통해 성령의 인도하심으로 공동체 구성원들과 공동체와 세상에 구현될지에 지대한 관심을 갖는다.

'그리스도의 몸'이라는 표현은 주로 바울 서신에 나타난다(엡 1:23, 골 1:24, 고전 12:27). 이 표현은 킹덤처치의 성격을 규정한다. 에릭슨은 그리스도의 몸이라는 표현의 의미를 다음과 같이 정리한다. 교회는 현재 그리스도께서 활동하시는 장소여야 하며, 성도들의 모임은 교회와 그리스도의 결합을 강조해야 하며, 교회를 구성하는 모든 성도들은 몸의 지체로서 그리스도를 머리로 상호 존중하는 관계여야 한다.* 킹덤처치는 여러 의사결정 구조 안에서 하나님의 뜻을 찾는 일에 주력한다. 그렇지 않으면 교회는 인간의 욕망에 지배되는 세상의 조직이 되고 만다. 인간의 욕망에 지배되는 교

* Millard J. Erickson, *교회론*, 이은수 역 (서울: 기독교문서선교회, 1992), 36-38.

회는 하나님의 심판에 직면하게 된다는 것을 교회사가 증명한다.

하나님나라의 대사

김연택은 교회가 그리스도의 몸이라는 것은 하나님께서 예수의 권세 아래 모든 것을 맡기셨고, 교회를 예수께서 다스리고 돌보시는 뜻이라고 말한다.* 그리스도의 몸으로서의 킹덤처치는 하나님께서 자신의 통치를 이루시기 위해 이 땅에 보내신 하나님의 대사이자 그분의 돌보심을 누리는 공동체이다. 킹덤처치는 하나님의 통치를 따르며 복을 누리기 위해 지도자부터 자신의 타락을 인정하며, 그리스도를 머리로 인정하며 하나님의 뜻을 구하는 기도에 최선을 다한다.

그리스도의 몸으로서의 킹덤처치는 세상의 어떤 모임에서도 볼 수 없는 그리스도의 주권적 통치가 다양한 지체들의 하나됨을 통해 실현되는 교회다. 하나님과 그 아들 그리스도의 통치는 공동체 구성원의 상호 복종, 즉 '그리스도를 경외함으로 피차 복종'을 통해 실현된다(엡 5:21). 킹덤처치는 다양한 은사와 하나의 목적을 추구한다. 위계가 존재할 수 없다. 질서가 존재할 뿐이다. 모든 성도가 다양한 은사로 하나님의 통치를 구현하는 목표를 향해 나가면 교회는 그리스도의 몸으로서의 본질을 회복하게 될 것이다. 하나님의 통치가 드러나는 킹덤처치는 놀라운 능력으로 그리스도와 더불어 세상에서 왕노릇한다(계 2:26,27).

---

* 김연택, *21세기 건강한 교회* (서울: 도서출판 제자, 1997), 105.

07

킹덤처치와 교회 개척

이상과 현실의 차이

내가 대학을 다니던 시절은 군사정권 말기였다. 대학에 들어가자마자 자연스럽게 군사정권에 대항하는 시위에 동참하게 되었다. 대학에 입학하던 해에 많은 동료 학우들이 시위를 진압하는 경찰에 의해 죽고 다치고, 이에 항의하고 분신까지 하면서 시위의 불길은 걷잡을 수 없이 타올랐다. 시위에 참여하는 우리가 뭔가 정의의 편에 서 있는 것 같은 확신이 들었고, 시위에 참여하는 1인으로서 시위가 대규모로 확장되는 것을 목격하는 것은 참 고무적인 일이었다. 시위에 열심히 동참하면서 중간 중간에 선배들과 동기들과 모여 나라가 개혁되고 아름다운 미래가 찾아올 수 있을지에 대해 토론하곤 했다. 그런데 뜻밖에도 시위에 동참하는 사람들 자신도 앞으로 어떻게 나라가 개혁되고 아름다운 미래가 펼쳐질 것인지에 대해 명확한 그림도 확신도 없었다. 우리가 젊은 혈기로 시위에 동참하기는 하지만, 우리 자신도 기성 세대가 되면 변질되지 않을 수 없을 것이라는 우려부터 하는 경우가 오히려 많았다. 교회에 대해서도 마찬가지가 아닐까?

사실 새로운 교회에 대한 이론서들이 많이 나와 있다. 현대 사회의 기성 교회와 교단들을 비판하는 책들을 쉽게 찾아볼 수 있다. 이상적인 교회의 모습을 그리는 것은 그리 어려운 일이 아니다. 하지만 그러한 모습을 현실의 교회에 접목하는 것은 전혀 다른 문제다. 현실의 교회가 새롭게 갱신되는 방안을 찾는 것은 설교가 좀 달라져서, 교육부서가 좀 달라져서, 사람 한두 명이 달라져서 가능한 일이 아니다. 기도를 더 열심히 해서, 모임에 더 힘써서, 전도를 열심히 해서 될 일은 더더욱 아니다. 우리는 구체적이며 시대에 맞는 대안을 찾아야 하고, 그것이 가능한 대안인지 교회라는 현장에서 부단히 실험해야 한다. 이상과 현실은 다르다. 현실에서 맞는 대안을 찾지 못하면 이상은 이상일 뿐이다.

교회 개척의 관계

우리는 앞에서 교회에 대한 믿음에 대해 강조하면서, 우리가 지향하는 교회에 대한 표현으로서 킹덤처치에 대해 정리했다. 교회가 무엇인지 정의하는 것은 매우 중요하다. 킹덤처치는 성경 전체 이야기가 말하는 하나님나라의 복음에 대한 명확한 이해로부터 출발하여 복음 안에 존재하면서 복음을 드러내는 공동체다. 킹덤처치는 복음을 수호하는 교회이며, 복음이 삶의 방식으로 구현되는 '복음의 공동체'이다. 복음 자체인 '하나님나라'를 구현하는 도구로서의 역할을 감당한다. 이제 교회에 대한 정의를 넘어 130년 개신교 역사를 가진 한국 교회의 현실 속에서 킹덤처치를 어떻게 실현할 수 있는지 고민해야 한다. 이미 수많은 교회들이 있고 선교의 성공적 모델로 인정받았으며 교인수를 자랑할 만한 대형교회들이 즐비하지만, 심각한 위기에 빠져 있는 한국 교회의 현실 속에서, 아름다운 전통은 계승하면서도 새로운 시대에 맞는 새로운 교회 운동을 어떻게 정착시켜 킹덤처치를 실현할 것인가?

교회에 대해 실망한 많은 목회자와 성도들에 의해 이미 두 가지 시도들이 존재하고 있다. 하나는 기존의 전통 교회들이 회복과 갱신을 시도하는 일이며, 다른 하나는 교회를 개척하는 것이다. 전통 교회의 회복과 갱신은 이 시대의 필수적인 사명이다. 이미 많은 교회들이 존재하기 때문이다. 아울러 이미 존재하는 교회에게 모델을 제시하면서, 동시에 기존 교회의 틀을 벗어나 새로운 대안을 시도할 수 있는 교회를 개척하는 것은 킹덤처치로의 회복을 위해 필수적이다.

이제 교회 개척에 집중하면서 먼저 20세기까지의 교회 개척에 대해 정리하고, 21세기의 새로운 교회 운동을 위해 교회 개척의 의미를 정리할 필요가 있다. 여전히 교회 개척은 이뤄지고 있으나 교회 개척이 매우 어려운 현실 속에서, 이 시대의 교회 개척은 무엇을 목표로 어떻게 시도되어야 하는지, 그 성경적 근거를 정립하는 일은 대단히 중요하다.

교회 개척과 하나님나라 확장

예수는 이 세상에 하나님나라를 구현하기 위해 교회를 세울 것이라고 말씀하셨다(마 16:18). 예수께서 하나님나라의 복음을 전하신 후 결국 교회를 세우겠다고 하신 것은, 복음의 공동체인 지상의 교회를 하나님나라를 구현하기 위한 도구로 사용하시겠다는 의미로 볼 수 있다. 이런 의미에서 새로운 지역에 교회를 개척하는 사역은 예수께서 승천하신 이후 하나님나라를 구현해가는 가장 일차적인 하나님의 사역이었다.

하나님나라는 교회 개척을 통해 확장되었다. 하나님께서는 이세상에서 자기 백성을 부르시고, 통치에 순종할 것을 요청하시고, 이 세상에 하나님나라의 회복을 성취하신다. 부르심을 받은 인간의 연약함에도 불구하고, 구약의 이스라엘을 통해, 그리고 신약의 교회를 통해, 하나님께서는 여전히 이 비밀의 경륜을 성취하셨다.

김종환과 다니엘 산체스와 에비 스미스는 교회 개척에 대한 성경적인 이유로 다섯 가지를 제시했는데, 그 중 첫째가 새로운 교회는 하나님나라를 확장시킨다는 것이다.* 예수의 죽음과 부활 이후에 어떤 일이 일어났는가? 약속된 성령의 사역을 통해 이 세상에 교회가 세워졌다고 사도행전은 증거한다. 민장배는 신약 최초 교

---

* Daniel Sanchez and Eby Smith and 김종환, *재생산하는 교회*, 박성창 역 (서울: 서로사랑, 2006), 8.

회가 예수 그리스도에 의해 개척된 것이라고 말하기까지 한다.* 사도행전에 등장하는 예루살렘교회는 자발적이지 않은 방법으로 흩어졌다. 인간의 의도와 상관없이 하나님께서 세계 곳곳에 교회를 개척하신 것이다. 이렇게 예수께서 승천하신 후 성령이 강림하셔서 회개한 백성을 통해, 새로운 교회들이 생겨 하나님나라가 확장되었다.

교회 개척을 통해 복음을 확장시키고 교회의 시초를 놓은 사역자요 모델은 사도 바울이다.** 사도행전은 예수 그리스도의 부활과 승천 이후 교회가 어떻게 세계로 퍼졌는지에 대한 과정을 보여준다. 당시의 세계관으로는 지중해를 중심으로 한 로마가 세계를 의미했으므로, 사도행전은 교회가 세계로 퍼진 과정을 기록한 책이라 해도 과언이 아니다. 사도 바울이 교회를 개척하려는 구체적인 목적을 가지고 여행을 떠났는지는 모르지만, 사도 바울이 지나간 곳에는 가정에서 모이는 형태의 교회가 생겼다. 교회 개척은 복음 전파의 자연스러운 결과였던 것이다. 바울과 동역자들이 복음을 전파하면서 교회가 생겼기 때문이다. 사도 바울은 교회를 개척하는 방식으로 예수 그리스도의 대위임령을 가장 위대하게 수행한 사람이었다.

---

* 민장배, 『교회 개척학』, 22.
** 위의 책, 24.

새로운 지역을 향한 교회 개척 : 과거의 패러다임

교회 개척은 예수 그리스도의 대위임령을 수행하는 가장 자연스럽고 효과적인 방법이다. 로마 시민권자였던 바울은 로마 제국의 경계선 안에서, 즉 로마의 본토와 속주에서 활동했고, 로마식 행정 구역 구분을 따라 복음 전파에 대해 계획한다(롬 16:5; 고전 16:15). '아가야의 첫 열매, 마게도냐의 첫 성'이라는 표현은 바울이 로마 제국 전체를 세계로 보고 세계에 복음을 전하려 했으며, 그 결과로 각 지역에 고루 교회가 개척되는 것을 중요하게 여겼다는 증거다.

바울이 로마 제국 전체를 포괄하는 어떤 전략이나 지역 분할의 계획을 가지고 있었다는 것은 증명될 수 없다는 주장도 있다. 하지만 바울은 당시 세계 전체로 인식되는 로마 제국 전역에 교회를 개척하려는 열망을 가지고 있었던 것만큼은 분명하다(롬 1:13, 15:23,28). 성령의 인도하심에 따라 바울은 새로운 지역으로 나아갔고(행 16:6-10), 바울에 의해 새로 개척된 많은 교회들이 복음이 확장되는 일에 결정적으로 기여했다.

교회 개척은 교회사적으로도 지난 2천 년 동안 교회 역사를 이끌어온 가장 중요한 사역이었으며, 20세기에는 새로운 종족을 발굴하여 대부분의 미전도 종족에게까지 복음이 전파되는 과정에서 교회 개척이 이루어졌다. 새로운 교회는 다양한 사역을 통해 지역에 영향을 미치고, 하나님나라의 통치가 임하게 하는 데 중요한 도구였다.

한국의 경우 교회의 숫자와 복음화율은 서로 직접적인 연관이 있었다.* 교회가 많아지면서 교회를 통해 보이지 않는 하나님나라가 가시적으로 구현되었다는 사실은 부인할 수 없다. 교회 개척은 어느 시대 어느 지역에나 하나님의 계획을 이루기 위해 필요한 사역이다. 교회를 세우는 일은 준비 없는 난립이라는 문제를 극복하고 장려되어야 한다. 왜냐하면 교회 개척은 하나님께서 일하시는 방식임을 성경이 증거하며** 교회사가 그것을 증거하기 때문이다.

20세기까지의 교회 개척 패러다임은 새로운 지역으로의 교회 개척이었다. 새로운 지역으로의 교회 개척은 복음이 전파된 적이 없던 곳이거나, 복음이 전파된 적이 있는 지역에 교회가 없거나, 과거에 교회가 있었으나 역사적 요인으로 교회가 사라진 지역에 교회를 개척하는 것이다. 20세기까지는 교회가 없는 지역이나 복음 전파가 이뤄지지 않았던 곳, 즉 수백 년 이상 복음과 단절되었던 지역이 많았다.

예수의 대위임령은 역시 새로운 지역으로의 교회 개척을 명백히 이야기하고 있다(마 28:18-20). 사도행전에서 새로운 지역으로의 교회 개척은 하나님의 강력한 섭리에 의해 시작되었다. 사도 바울을 통해 새로운 지역으로의 교회 개척이 본격화되었다. 패트릭, 윌리엄 캐리, 허드슨 테일러 등은 바울의 후예들이다. 교회 시대에, 특히 지리상 발견 이후 계속해서 새로운 지역으로의 교회 개척이 이루어졌다. 20세기에는 이른바 미전도 종족을 향한 교회 개척

---

* 한국컴퓨터선교회, "한국의 복음화지도(1~16회)", 국민일보, 2006년 8월 15~17, 20~25, 27~31, 9월 15일자 참고.
** 민장배, 교회 개척학, 36.

이 활발히 추진되었다. 그 결과 수많은 미전도 지역에 교회가 세워졌다.[*]

한국 교회도 마찬가지 과정을 거쳤다. 초기 선교사들은 지역을 분할하여 복음을 전했고, 수많은 교회를 세웠다.[**] 이러한 지역 분할 정책은 한국을 복음화하는 데 가장 중요한 방법이었다. 1980년대까지 한국의 상황에서는 새로운 지역에서의 개척이 교회 개척의 유일한 패러다임이었다. 교회 개척은 한국 개신교회 130여년의 역사 가운데에서 압도적으로 효과적인 복음 전파의 방법이기도 했다. 수많은 목회자들이 이 개척의 사명에 헌신했으며, 엄청난 부흥이 한국 교회의 역사를 빛냈다. 그렇다면 몇 가지 질문이 주어진다. 지난 20세기는 미전도 지역이 여전히 많았던 시대이다. 이제 미전도지역이 대부분 사라진 21세기에도 여전히 새로운 지역으로의 교회 개척이 복음을 전하는 가장 중요한 사역인가? 특별히 한국과 같이 이미 거의 대부분 지역에 교회가 존재하며, 심지어 도심 지역에는 과밀하기까지 한 상황에서 교회 개척은 여전히 하나님께서 사용하시는 방법인가? 새로운 지역으로의 교회 개척이 의미를 잃어버린 상황에서 교회 개척은 이제 박물관에 들어갈 유물이 된 것일까? 여전히 새롭게 개척되고 있는 교회들에는 어떤 정당성이 부여될 것인가?

---

[*] Stephen Neill, 기독교 선교사, 홍치모 역 (서울: 성광문화사, 1990), 579-582.
[**] 박용규, 한국기독교회사 1 (서울: 생명의말씀사, 2004), 600-607.

새로운 세대와 대상을 향한 교회 개척 : 새로운 패러다임

이상규는 교회 개척이란 보통 교회가 없는 지역이나 교회를 필요로 하는 곳에 새로운 교회를 설립하는 것이라고 정의했다.* 민장배는 교회 개척을 교회가 없는 지역에 교회를 설립하거나, 혹은 교회가 있는 지역이라 할지라도 하나님의 부르심을 받은 사명자들이 예수 그리스도의 복음을 전하여 새로운 공동체를 세우는 행위라고 정의했다.** 사실 교회 개척에 대해 용어적 정리를 하지 않더라도 교회를 새롭게 세우는 일은 역사적으로 계속되어 왔다. 새로운 지역으로의 교회 개척은 교회가 없거나 희소한 선교적 상황에서 필수적인 사역이다.

나의 아버지는 한국 교회가 한참 성장하던 1970년대와 80년대에 서울과 인천과 경기 지역에서 교회가 없었던 마을을 중심으로 여러 교회를 개척하셨다. 그 중 두 곳에서는 아버지의 사역을 계승한 목회자들을 통해 지금도 여전히 복음 사역이 이루어지고 있다. 나도 2006년에 교회를 개척한 이후 선교사를 파송하고, 파송선교사와 우리 교회 단기의료사역팀과 더불어 가톨릭과 개신교를 포함해 어떤 교회도 없었던 필리핀 라구나 주 일부 지역에 다섯 교회가 개척되는 것을 도왔다. 교회 개척을 통해 교회가 없던 지역에서 얼마나 많은 영혼이 믿음을 갖게 되며, 어떻게 가정과 지역사회가 변화되어 하나님나라가 구현되는지를 체험하였다. 하지만 교회가 없

---

* 　목회와신학 편집부, 교회 개척(서울: 두란노 아카데미, 2010), 20.
** 　민장배, 교회 개척학(서울: 기독교문서선교회, 2011), 19.

는 지역에 교회가 개척되어야 했던 상황이 아닌 21세기 한국과 해외 한인 사회에서 여전히 교회가 개척되고 있다. 이것이 어떤 의미가 있을까? 한 좋은 예가 있다. 팀 켈러는 영적으로 혼탁해져가는 도시를 변화시키기 위해 1980년대에 뉴욕 맨해튼에 교회를 개척했다.* 팀 켈러의 교회를 통해 도시에 새로운 교회가 세워져 어떻게 하나님나라 운동이 새롭게 일어날 수 있는지 볼 수 있다. 그는 도시 내 회의주의자들과 불신자들에게 집중하여 다양한 우상 숭배의 양상들을 분석하고, 도시의 지성적 회의주의자들에게 복음을 제시하는 방식을 찾아냈다. 그의 복음 선포 방식이 맨해튼이나 미국의 대도시들뿐 아니라 세계의 많은 목회자들의 복음 사역에 활기를 불어 넣었다.

내 주변에도 새로운 사명을 가지고 도시 지역에 교회를 개척하거나, 외국인 노동자나 탈북자를 위한 특별한 사역을 위해 이미 교회가 많이 있는 지역에 교회를 새로 개척한 경우가 여럿 있다. 이러한 사역을 통해 다양한 세대와 대상을 위한 복음 사역의 방법이 제시되고, 하나님나라가 이 땅에 임하는 놀라운 기적이 일어나고 있다.

하나님나라 운동을 위한 교회 개척

이 시대 교회 개척은 단순히 교회가 없는 지역에 새로운 교회를 세우거나, 사역지가 없는 목회자가 사역지를 만드는 것 이상이어야 한다. 단순히 교회가 분리되어 독립된 교회를 만드는 것이나, 재

---

*   Keller and Thompson, *Redeemer Church Planting Manual*, 7-19.

정과 인사권이 독립된 교회가 생기는 것 이상이어야 한다.

지금 교회를 개척하려는 사역자들은 다양하게 분화되는 사회의 구성원을 연구하고, 다양한 세대와 대상들을 하나님 백성으로 불러 모아 하나님나라를 구현하기 위해 킹덤처치를 세우려는 목적을 가져야 한다. 교회를 개척하는 것은 기존 교회가 전문적으로 사역하기 어려워진 새로운 세대나 대상에 대한 복음 사역의 방식을 시도하고, 좀 더 본질적이며 성경적인 교회를 회복하는 방식을 찾기 위한 가장 효과적인 방법이다.

이 시대 하나님나라에 의미를 주는 교회 개척은 교회가 없는 지역의 사람들을 모아 예배당을 세우는 방식이 아니라, 다양하게 분화된 사회의 구성원들 가운데 기존 교회의 복음 사역 방식이 통하지 않는 새로운 세대와 대상에게 맞는 새로운 공동체를 세우는 것이다. 이미 교회가 빼곡히 들어찬 한국 사회, 특히 도시 지역에서의 교회 개척은 '새로운 세대와 대상들에게 복음을 전하며 하나님나라를 구현하기 위해, 새로운 방식의 복음 사역 공동체를 세우기 위한 목적을 가지고, 교회를 새롭게 시작하는 방법으로 하나님의 계획을 실재화하는 사역'이라고 다시 정의되어야 한다.

지금 교회 내부와 사회로부터 교회 개혁에 대한 요구가 일어나고, 시대 변화에 따라 발생하는 다양한 사역의 요구를 기존 교회가 충족시키기 어렵다는 지적이 나오고 있다. 하나님께서는 종교개혁시대에 그랬듯이 새로운 교회 운동을 요구하고 계신다. 이 시대의 교회 개척은 복음으로부터 멀어진 교회들을 일깨우고, 성경이 제시하는 하나님나라를 구현하는 킹덤처치를, 새로운 교회를 세우는 방법으로서 실제화하는 사역이다. 이 시대의 교회 개척은 새로운 세대와 대상으로의 교회 개척일 때 의미를 가질 수 있을 것이다.

　민장배는 교회 개척의 중요성을 신학적 측면, 선교학적 측면, 종말론적 측면, 인구증가적 측면, 교단 성장적 측면, 유무형 교회의 성장과 성숙의 측면, 다양한 계층의 복음화 측면, 지도자 양성의 측면 등 8가지로 제시했다.* 그 중 다양한 계층의 복음화 측면에서, 그는 전문화를 추구하는 21세기 다양화된 사회 속에서 다양한 계층의 필요를 채워주기 위해 교회가 개척되어야 한다고 말한다.** 이것이 바로 킹덤처치를 지향하는 지금 이 시대 한국에서의 교회 개척의 의미다. 명성훈도 어느 세대에나 그 세대에 맞는 교회가 필요하다고 지적한다.***

　이렇듯 새로운 세대와 대상으로의 교회 개척은 이미 존재했던 패러다임이다. 과거에도 새로운 시대에 맞는 복음 사역을 위한 교회 개척의 패러다임이 존재했었고, 그것이 하나님께서 일하시는 방법이었다. 시대가 바뀔 때마다 수도원 운동, 종교개혁, 경건주의 운동, 대각성 운동, 오순절 운동 등으로 새로운 시대가 요구하는 새로운 세대와 대상들을 향한 교회 개척 운동이 일어났다. 새로운 세대와 대상으로의 교회 개척은 기존 교회에 새로운 바람을 불어넣

*　민장배, 교회 개척학, 33-45.
**　위의 책, 43-44.
***　명성훈, 교회 개척의 원리와 전략 (서울: 국민일보, 1997), 30-32.

으며 죽어가는 교회, 타락해가는 교회에 신성한 영적 활력을 불어넣었다. 이러한 새로운 세대와 대상으로의 교회 개척은 형식화된 신앙에 영적 부흥을 경험하게 하였으며, 기존 교회에도 신선한 자극을 주는 시대적 사명을 감당했다. 명성훈은 교회 개척이 기존 교회에 건전한 자극과 도전을 준다고 했다.* 새로운 세대와 대상으로의 교회 개척은 새로운 시대에 교회를 갱신하고, 새로운 복음 사역의 방법을 제시하여 하나님나라 운동의 불길을 일으키는 자극제가될 수 있다.

새롭게 개척되는 교회의 목적은 무엇인가?

현재 일반적으로 교회 개척에 대해 두 가지 질문이 제기된다. 첫째, 새롭게 개척된 교회들은 어떻게 해야 살아남을 수 있는가? 이른바 생존전략이다. 둘째, 새롭게 개척된 교회들은 무엇을 목적으로 해야 하는가? 교회의 목적에 관한 것이다.

첫 번째 질문에 대한 논의가 활발하게 이루어졌다. 박은조는 개척 후 생존의 대안으로서 분립개척을 제시하기도 했다.** 또한 개척된 교회가 부흥하기 위한 많은 방법론으로 각종 전도와 양육을 위한 세미나들이 열리고 있으며, 좀 더 본질적으로 기도와 말씀을 강조하는 세미나도 열린다. 하지만 교회는 생존을 목적으로 하지 않는다. 교회의 생존은 복음 운동의 자연스러운 결과다. 교회의 생

---

* 위의 책, 26-29.
** 박은조, "교회 개척 설립 전략에 대한 연구 -분당샘물교회를 중심으로-" (D.Min. diss., Fuller Theological Seminary, 2002), 59.

존 전략을 논의하는 것은 필요에 의해 생겨난 일이지만, 교회가 본질을 잃게 만든다.

우리는 두 번째 질문에 집중해야 한다. 새롭게 개척된 교회들은 무엇을 목적으로 해야 하는가? 21세기 한국 교회의 상황에서는 무엇을 목적으로 교회가 개척되어야 하는가? 예수의 대위임령은 모든 민족에 대한 것이다. 이 원리를 기존의 사고방식과 의사소통방식을 따르지 않는 새로운 세대와 대상에게 적용한다면 교회 개척의 새로운 패러다임이 나온다. 바로 새로운 세대와 대상으로의 교회 개척이다.

레슬리 뉴비긴은 1939년 영국에서 인도로 파송된 선교사였다. 1969년 그가 다시 영국에 돌아갔을 때 영국은 이미 선교지가 되어 있었다고 술회한다. 그는 교회가 존재하는 지역에서 파송된 교회여야 한다는 선교적 교회의 모티브를 제공했다. 그는 영국의 교회가 새롭게 사역을 해야 한다고 주장했다. 영국뿐 아니라 이미 수백 년 동안 지속된 서구개신교회가 새로운 사역의 패러다임을 모색해야 한다는 중요한 점을 지적했다. 그는 더 이상 전통적인 복음 전파의 방식, 교회의 기존 사역 방식이 통하지 않는 전혀 다른 새로운 세대와 대상들을 만난 뒤 충격에 빠져 새로운 교회 운동을 모색할 수밖에 없었던 것이다. 1995년부터 시작된 북미학자들의 네트워크(GOCN)는 뉴비긴의 통찰을 바탕으로 새로운 교회 운동을 본격적으로 제안했다.[*]

---

[*]   이상흥, "공동체를 세우는 설교는 설교자와 회중의 공동사역이다", 목회와신학, 2012년 5월호, 49.

한국의 기존 교회들도 이러한 통찰을 바탕으로 복음 전파 사역에 대해 고민하고 있다. 새롭게 개척되는 교회들은 바로 새로운 시대의 요구를 담아 새로운 세대와 대상으로의 교회 개척 패러다임을 따라 사명을 발견하고, 새로운 복음 사역 방식을 찾아야 할 사명이 있다. 한국 사회는 점점 세대간의 격차의 심화, 새터민들과 외국인들의 유입 등으로 다원화되면서 특수한 사역 대상까지 생겨났다. 하지만 한국 교회는 복음의 본질에서 멀어져 있고, 복음을 새로운 세대에게 전하는 일에 실패하고 있다. 따라서 새로운 시대가 요구하는 새로운 세대와 대상으로의 교회 개척 패러다임을 따르는 킹덤처치의 새로운 사역은 교회에 부흥을 가져올 것이며, 하나님 나라 운동을 어떤 세대와 대상에도 가능하게 하는 수많은 아이디어를 제시하게 될 것이다.

새로운 교회 운동들의 등장

새로운 세대와 대상으로의 교회 개척 패러다임이 필요하다는 것에 공감한다면 주목해 보아야 할 현상이 있다. 그것은 급속하게 변화된 새로운 시대가 새로운 교회를 요구하고 있다는 것이다. 교회는 지역만이 아니라 시대 속에 던져진다. 교회는 시대의 요구에 반응해야 한다. 인쇄술의 발달과 인문학을 비롯한 문예부흥이 일어나던 시대에 중세 가톨릭교회가 성경 번역을 반대하고 새로운 요구들을 무시했던 것이 중대한 과오였다는 것을 기억하자. 지금 개신교회는 중세 가톨릭교회가 범했던 오류에 직면하는 듯하다.

우리는 지난 몇 십 년 동안 인류 역사 전체를 통틀어 일어난 사회 변화보다도 극심한 변화를 겪었다. 우리의 생활 환경은 그야말로 극적으로 바뀌었다. 인터넷과 스마트폰을 중심으로 생활 습관이 바뀌고 있고 정보의 채널이 다양해지고 있다. 한국만 해도 교육 수준의 향상과 포스트모더니즘의 영향으로 모든 사회의 권위가 도전받고 있다. 사회의 윤리적 규범들이 파괴되고 있다. 새로운 시대가 교회에도 새로운 요구를 하고 있다. 어떻게 응답할 것인지에 대한 고민이 없다면 참혹한 결과가 있을 것이다.

20세기 후반부터 우리보다 빨리 사회의 변화를 겪었던 서방, 특히 미국을 중심으로 새로운 교회 운동이 활발히 진행됐다. 새로운 교회 운동은 교회가 시작한 것이 아니다. 새로운 시대가 요구한 것에 교회가 반응한 것이었다. 새로운 교회 운동의 핵심은 이머징처치와 미셔널처치다. 미셔널처치(주로 '선교적 교회'라 번역됨)와 이머징처치가 무엇인지 정의하기는 쉽지 않다. 그 안에 다양한 스펙트럼이 존재한다. 이머징처치는 교회에 다니지 않는 현대인들에게 교회를 좀 더 매력적으로 만드는 문화에 관심을 기울이는 큰 흐름이라 할 수 있다.* 이머징처치는 포스트모던 문화 속에서 교회가 어떻게 존재하며 사역해야 하는가에 대한 새로운 시도인 것이다.

마이클 프로스트와 앨런 허쉬는 새로운 교회 운동으로서 미셔널처치를 제시했다.** 미셔널처치는 지금까지의 교회를 제도적인, 혹

---

* Scot McKnight, "이머징처치의 5가지 흐름들", *크리스채너티 투데이*(2007년 2월호), 35.
** Micheal Frost and Alan Hirsch, *새로운 교회가 온다*, 지성근 역 (서울: IVP, 2009), 43.

은 제도화된 교회로 보고, 교회의 본질을 회복한 새로운 교회를 모색하자는 운동이다. 미셔널처치의 주창자들은 20세기까지의 교회를 사회와 문화의 중심에 교회가 있다는 전제 위에 세워진 크리스텐덤의 유산으로 보고, 전혀 새로운 존재 방식을 가진 교회를 세워야 한다고 주장한다. 그 새로운 교회를 미셔널처치라고 부르는 것이다.*

새로운 교회 운동들은 기존 교회의 존재 방식에 심각한 문제가 생겼다는 것을 지적한다. 이러한 교회 운동들은 기존의 교회를 비판하며, 전혀 새로운 방식의 교회를 소개하고 있다. 이머징처치나 미셔널처치는 신학적인 옳고 그름을 따지기 전에 교회가 새로운 시대의 요구에 직면했다는 사실을 보여준다. 새롭게 변한 세상, 특히 교회가 보냄을 받은 상황에 맞추어 새로운 사역 방식과 존재 방식에 대한 하나님의 부르심이 우리 앞에 놓여 있다는 것을 확인시켜 준다.

이렇게 새로운 교회론을 소개하는 책들도 쏟아지고 있지만, 더욱 중요한 것은 교회를 위한 실험적 시도들이 전 세계적으로 일어나고 있다는 것이다.** 새로운 실험적 시도들은 분명 기존의 교회와 교회의 존재 방식과 사회적 기능에 관한 반성이 전 세계적으로 존재한다는 것을 의미한다. 한국 교회 안에도 새로운 형태의 교회를 지향하는 움직임들이 있다. 이른바 카페 교회 같이 건물 없는 교

---

* Micheal Frost and Alan Hirsch, *새로운 교회가 온다*, 43-67를 참고하라.
** 위의 책, 11-14를 참고하라.

회를 지향하는 시도부터 술집을 빌려 예배를 드리거나 공연장을 예배 공간으로 사용하는 등, 이 시대 문화와 소통하며 복음을 전하려는 시도까지 다양해졌다. 신학적 평가와 동의 여부는 중요하지 않다. 새로운 세대와 대상에 대한 복음 사역을 고민하는 목회자들에게 이러한 움직임은 이미 널리 확산되고 있다.* 우리는 확실히 변화가 요청되는 세상에 살고 있다. 게다가 최근 20년 내에 한국 교회 안에서는 교회를 비판하는 기독교 언론도 여럿 등장했다. 이런 언론들은 교회에 비판을 가하며 변화를 요청하고 있다. 이 언론들의 시도가 성경적이냐 교회에 긍정적인 영향을 미칠 것이냐에 상관없이, 이런 언론조차 분명 이 시대 교회 안에 있는 목소리이며 시대정신이라는 사실을 주목할 필요가 있다.

새로운 교회론의 등장과 새로운 실험적 시도들, 그리고 교회를 비판하는 언론들을 전부 긍정적으로 볼 수는 없다. 온당한 신학적 평가가 있어야 할 것이며, 한국 교회 안에 적용하기 위한 고민도 있어야 할 것이다. 하지만 이러한 운동들이 주는 확고한 메시지는 지금의 한국 교회에 뭔가 새로운 시도들이 필요하다는 사실이다.

지난 20년 동안 한국 교회 안에 가정교회나 셀교회 운동이 활발하게 일어났었다.** 교회 안에서 스스로를 돌아보며 새로운 시도를 모색하는 것은 시대적 사명이다. 건강한 교회를 위해서는 이러한 새로운 교회 운동들이 왜 생기게 되었는지 고민하고, 그 운동들이

---

*   송창근, "다음 세대에 예수의 빛을 비추는 블루 라이트 처치", 목회와신학, 2012년 6월호, 90-97.

**   최상태, *21세기 신교회론, 이것이 가정교회다* (서울: 국제제자훈련원, 2002), 30-31.

제안하는 변화를 수용하려는 유연한 정신이 필요하다. 변화를 수용하는 시도들 중 새로운 교회 운동과 전통 교회를 중재하는 시도가 있어 먼저 소개해 보려 한다.

새로운 교회 운동과 전통 교회의 중재안

캘리포니아 주의 리디머교회 담임목사인 짐 벨처는 전통 교회와 이머징처치를 조합하는 제3의 길을 제시하고 있다. 그는 전통 교회와 이머징처치의 장점을 조합한 새로운 개념의 교회를 C. S. 루이스의 용어를 차용해 '깊이 있는 교회'(Deep Church)라고 소개했다.* 전통 교회가 한계에 부딪혔다는 것은 우리가 이미 느끼고 있다. 시대에 뒤떨어진 복음 전파 방식, 새로운 세대와의 소통 실패, 권위적인 의사결정구조, 윤리적 실패 등으로 전통 교회는 한계에 부딪히고 있다. 한국 교회도 예외가 아니다. 하지만 최근 몇십년 사이에 등장한 이머징처치가 모든 답을 제공하지 못했다. 또한 미셔널처치가 연구되고 있지만, 기존 교회에서 받아들여지기 어려운 경우도 많다.

짐 벨처는 이를 극복하기 위해 전통 교회와 새로 나타나는 교회 운동들의 총합으로서 이머징처치와 기존 교회의 장점을 조합한 새로운 교회 모델을 '깊이 있는 교회'라는 이름으로 제시하고 있다. 깊이 있는 교회는 진리, 전도, 복음, 예배, 설교, 교회론, 문화의 분야에서 변화에 대한 요구를 수용하면서도 전통적인 기독교 신앙을

---

* Jim Belcher, 깊이 있는 교회(Deep Church), 전의우 역 (서울: 포이에마, 2011), 26.

놓치지 않는 사역 방식을 제시한다. 이 교회 모델은 이머징처치를 제안하는 사람들에 대해 기존의 전통 교회가 내놓은 중재안이다.

영국 셰필드의 교회 개척 네트워크 '크라우디드 하우스'의 공동 설립자인 팀 체스터와 스티브 티미스는 자신들의 책《교회다움》에서 '복음과 공동체'를 교회의 핵심적인 두 가지 원리로 제시한다. 이러한 두 가지 원리-하나님의 말씀으로서의 복음과 하나님나라를 구현하는 집단으로서의 공동체-에서 뿌리내린 교회를 가리켜 '토탈처치'(Total Church)라고 부른다.* 그들은 전통적인 교회와 새로운 교회 운동에 모두 약점이 있기 때문에, 복음에 강점이 있는 전통 교회와 공동체에 강점이 있는 새로운 교회 운동 둘 다 놓치지 않는 중재안을 제시한다.

오늘날 전통 교회의 경우 공동체성의 문제와 시대 문화 수용의 문제를 겪고 있다. 반면 이머징처치의 경우 복음의 정의나 기독교 교리의 정립에 문제가 있다. 이를 극복하기 위해 팀 체스터와 스티브 스미스는 복음과 공동체 간의 조화를 강조한 토탈처치를 통하여 전통 교회와 이머징처치 간의 조화를 이룬 새로운 교회 모델을 제시하는 것이다.

짐 벨처의 '깊이 있는 교회'나 팀 체스터와 스티브 티미스의 '토탈처치'는 모두 중재를 시도하고 있으며, 이러한 시도는 한국 교회에도 중요한 의미를 준다. 한국 교회에 철저한 변화가 필요한 것은 맞다. 하지만 한국의 전통 교회를 전부 부정하면서 새로운 교회가

---

*   Chester and Timmis, 교회다움 21.

세워질 수는 없다. 한국의 전통 교회들이 그동안 한국의 문화적 상황에서 복음 전파의 방법을 찾고 역할을 감당했다는 것을 우리는 기억해야 한다.

이와 같은 새로운 교회 운동이 한국 교회에 많이 소개되고 있다.* 새로운 교회 운동은 신학적인 검증도 필요하며, 이 시대 한국의 교회에서 복음 전파에 어떤 실효성이 있는지 점검해야 한다. 따라서 21세기 한국적 상황에서 건강한 교회를 개척하려 한다면 한국의 전통 교회와 새로운 시대가 요구하는 교회 운동을 잘 중재해 좋은 대안을 만들어야 할 것이다.

이러한 중재안의 실재로서 미국 조지아주 애틀랜타의 노스포인트커뮤니티교회가 제시될 수 있다. 이 교회 담임목사인 앤디 스탠리는 개척 당시부터 '비신자들을 향한 교회'라는 비전을 내걸고 교회를 개척했다. 노스포인트교회는 교회의 본질을 추구하려는 끊임없는 노력과 동시에 이 시대 상황 속에서 사명을 감당하는 것을 목표로 삼고, 교회의 두 가지 원리를 제시한다.** 성경적인 교회의 본질과 교회가 처한 시대적 상황에 필요한 사명을 감당한다는 두 가지 원리라는 축을 통해 '비신자들을 위한 교회'를 만들기 위해 노력하고 있는 것이다.***

오늘날 전통 교회의 경우 대부분 교리를 중심으로 전통적 기독

---

* 목회와신학 2012년 5월호에 보면 새로운 교회 운동에 대해 자세히 소개하고 있다.

** Andy Stanley, 노스포인트교회 이야기, 91.

*** 위의 책, 108.

교 신앙의 진리를 전달하는 데 치중하는 경향을 보인다. 반면 이머 징처치의 경우 시대적 사명을 감당할 것만 지나치게 강조한다. 이러한 불균형을 극복하기 위해 앤디 스탠리의 '노스포인트교회'는 교회의 본질 추구와 사명 추구에 균형을 이룬 중재안을 제시한다.

킹덤처치를 지향하며 새로운 세대와 대상으로의 교회 개척을 시도한다는 것은 전통 교회의 장점을 계승하면서도, 동시에 시대적 사명을 감당하려는 책임을 수용하는 것이다. 새로 개척된 어떤 교회도 결코 지금까지의 교회 역사와 무관할 수 없기 때문이다. 이렇게 전통 교회와 새로운 교회 운동을 중재하는 노력을 기울일 때 건강한 교회를 위한 시도가 이루어질 것이다. 새롭게 개척될 킹덤처치들은 한국의 전통 교회가 지켜온 복음에 대한 열정과 구령의 열심을 계승하면서, 동시에 시대가 요청하는 건강한 교회를 지향하는 새로운 교회 운동을 담아내는 그릇이다. 이렇게 새로운 목적을 가지고 개척된 교회들은 회복과 갱신을 위해 노력하는 한국의 저력 있는 전통 교회들과 더불어 이 땅에 하나님나라를 구현하는 도구로 쓰임 받게 될 것이다.

새로운 시대의 요구를 담아내는 21세기 교회 개척

성석환은 21세기 현재 우리가 살아가는 사회는 다문화 사회이며, 한 공간과 지역 안에서 다양한 인종, 종교, 문화, 전통을 가진 사람이 공존하는 사회는 근본적으로 다원주의적 가치에 기반해 사회

문화적 다원화를 현실화한다고 말했다.*

다원화된 21세기 한국 사회는 교회에 큰 과제를 던져주고 있다. 20세기 이후 사회가 급변하기 시작하면서 같은 민족, 같은 문화권이라고 여겨지던 나라 안에서도 세대 간, 지역 간, 인종 간에 엄청나게 다른 문화들이 형성되고 그에 따른 갈등이 나타나고 있다. 과거에는 미국과 같은 다문화국가나 아프리카의 다민족국가들에서 이런 현상이 흔하게 나타났지만,** 이제는 한국에서도 나타나고 있다. 외국인이 다양한 이유로 급격하게 유입되기도 했지만, 이른바 세대 간의 소통불가 현상이 더 심각한 문제로 대두되고 있다.

제임스 하킨은 '왜 사람들은 더 이상 주류를 좋아하지 않는가'라는 부제를 달고 있는 《니치》라는 자신의 책에서 흔히 '틈새'라고 불렸던 '니치'(niche)가 현대 사회에서 대세로 자리 잡았다고 주장한다. 이 시대에 자신만의 개성과 취향을 만족시켜주는 것을 택하고, 더 이상 보편적인 주류에 속하지 않으려는 새로운 세대가 등장하고 있다는 것을 그의 책에서 보여주고 있다.*** 심지어 같은 문화와 세대 안에서도 다양한 문화적 특징이 나타난다는 것이다. 이러한 경향은 한국의 전통 교회에 대단한 도전을 주고 있다. 이런 시대에 교회에는 복음을 잃지 않으면서도 시대를 끌어안으려는 새로운 시

---

* 성석환, *지역 공동체를 세우는 문화 선교* (서울: 두란노아카데미, 2011), 130.

** 안혜신, "다민족다문화 국가로..대한민국 구성원이 달라지고 있다", *이데일리*, 2014년 10월 7일자. 우리나라도 점차 다민족다문화 국가로 변화되고 있다. 외국 이주민이 늘어나면서 다문화 가족 역시 가파른 증가세를 보이고 있다. 전국 초중고등학교에 다니는 다문화 가정 학생은 지난 4월 1일 기준 6만 7806명으로, 전년에비해 21.6% 늘어났다. 이는 관련 통계가 처음 시작된 2006년 9389명이었던 것과 비교할 때 7배 증가한 수치다.

*** James Harkin, *니치*, 고동홍 역 (서울: 더숲, 2012), 11.

도가 요구된다. 게다가 한국적 상황에서는 지난 20년간 쌓인 교회에 대한 사회의 불신을 해결할 새로운 패러다임의 교회 운동이 절실한 상황이다.

새로운 시대의 요구가 강력한 상황에서도 여러 전통적인 교회들은 워낙 오랫동안 세속화되고 축소된 율법주의에 의한 교회의 타락을 막지 못했다. 세속적이고 문자적인 성경 해석의 틀에서 벗어나지 못하고 있다.* 새로운 목회자들이 부임했을 때 그 틀을 바꾸려고 시도하지만, 그런 교회 안에는 엄청난 진통이 있다. 그 진통이 계속되는 사이에 젊은이는 교회를 떠나고 있다.

다원화되어가는 사회 속에서 교회는 어떻게 복음을 전할 것이며, 그 과정에서 새로 개척된 교회에는 어떤 역할이 요청되는가? 새로운 세대와 새로운 대상들을 복음화하기 위하여 대안을 만들어내는 것이다. 새로운 시대를 품을 수 있는 건전한 신학과 교회론, 새로운 세대를 품을 수 있는 소통 능력, 교회를 떠나버린 사람들의 마음을 되돌릴 수 있는 신뢰 형성을 위한 방법을 찾아야 하는 것이다.

21세기 한국적 상황에서의 교회 개척은 새로운 시대를 품고 하나님나라의 통치가 물결치는 킹덤처치를 구현함으로써 새로운 세대와 대상에게 복음을 전하는 도구를 만들어내는 사역이다. 나아가 새로 개척되는 교회들은 전통 교회의 장점을 계승하며 새로운 시대적 상황을 고민하고, 새로운 교회를 시도하여 미래에 한국 교

---

* 김세윤, 복음이란 무엇인가, 15-16.

회가 필요로 하는 모델을 제시한다는 의미를 갖는다.

이러한 교회 개척 사역은 이미 여러 곳에서 시도되고 있다. 지금 한국 사회, 특히 도심지에는 새로운 세대뿐 아니라 새터민, 외국인 노동자, 중국교포, 다문화가정 등 새로운 사역의 대상이 증가하고 있다. 이들을 위한 새로운 교회도 많이 필요한 실정이고 다양한 사역에 대한 시도가 필요한 상황이다.* 또한 도시의 낙후된 지역에서 복지를 겸한 복음사역, 도시의 세속화된 문화에 심취한 젊은이들을 위한 창의적 복음사역을 비롯한 여러 새로운 사역이 시도되고 있다.** 알콜 중독자나 장애아동, 유기되는 영아들을 위한 사역, 독거노인이나 가정의 돌봄을 받지 못하는 다양한 대상을 위해 특수한 사역을 하는 교회도 많이 개척되었다.***

전통은 계승하되 교회의 본질을 회복하려는 창의적 시도

20세기 한국 교회는 그야말로 부흥의 시대를 달려왔다.**** 하지만 이제 급성장의 모습이 사라졌다. 그리고 급성장의 후유증이라고 할 만한 문제들이 급격히 나타나기 시작했다. 실제로 한국 교회는 갑자기 생존을 걱정해야 하는 상황이 되었다. 1995~2005년 사이에는 14만 4천 명이 줄어들어 1.6%라는 마이너스 성장률을 기

---

* 다문화 사회에서의 목회에 대해서는 *목회와신학*, 2013년 4월호, 28-89 참고.
** 새로운 시대에 다양한 교회들의 새로운 사역에 대해서는 *목회와신학*, 2012년 6월호와 2013년 3월호를 참고하라.
*** 김문석, "회복 생명 나눔의 사역현장을 소개합니다", *목회와신학*, 2012년 6월호, 106-114 참고.
**** 신성남, "3000억 호화 예배당과 중세 삽질의 부활", 당당뉴스, 2013년 12월 30일자.

록했다고 한다. 실제로 우리가 느끼는 체감 통계 결과는 더 심각하며, 젊은 세대들의 통계는 절망적이다.* 반면 같은 기간 동안 가톨릭 신도는 무려 220만 명이나 늘어나서 74.4%의 초고속 증가율을 보였다.** 2017년 초 한국 교회의 교세가 늘었다는 통계도 있었으나 실제로 교단들마다 2016년 교세는 정체되거나 줄었다고 보고되었다. 유명세를 타고 수평이동으로 성장한 몇몇 교회들을 제외하고는 교회들마다 자리가 텅텅 비어가고 있다. 새로 개척된 교회는 거의 문을 닫거나 존폐의 위기에 처해 있다.***

결론적으로 21세기 한국적 상황에서의 교회 개척은 한국 교회의 아름다운 전통을 계승하되 새로운 교회 운동에 대한 요구를 시대적으로 건강하게 수용하면서, 교회의 본질을 회복하여 하나님나라를 구현하며 새로운 세대와 대상을 위해 교회를 새롭게 시작하는 방법으로 하나님의 계획에 동참하는 사역이다. 이를 위해 다양한 세대와 대상들을 복음화하기 위한 창의적 시도들이 절실히 필요하다.

---

* 이대웅, ""교회 떠나는 사람들, 주로 서울 지역 청장년"", 크리스천투데이, 2011년 12월 3일자. 서울신대 현대기독교역사연구소(소장 박명수 교수)와 미래목회포럼(대표 정성진 목사) 주최로 이루어진 '한국의 종교인구 이동에 대한 분석'의 조사결과, 1995~2005년 사이의 서울 종교인구의 변동현황은 다음과 같았다. 개신교의 경우 1020대 8.3%, 2030대 -4.8%, 3040대 -3.2%, 4050대 -4.0%였던 반면, 천주교의 경우 1020대 +4.5%, 2030대 +4.2%, 3040대 +6.0%, 4050대 +5.3%를 나타냈다.

** 신성남, "3000억 호화 예배당과 중세 삽질의 부활".

*** 백상현, "기감, 최근 10년간 개척 교회 자료 분석, 개척 교회 41% 담임목사의 사임과 재정문제 등으로 폐쇄", 국민일보, 2012년 2월 14일자. 기독교대한감리회가 2000년부터 2009년까지 10년 동안 서울연회에서 설립된 개척 교회의 재정과 인력 등을 조사한 결과, 개척이후 10년 간 생존율은 59% 밖에 되지 않았다. 개척 교회의 41%가 담임목사의 사임과 재정문제 등으로 폐쇄된 것으로 나타났다. 또 그나마 운영되는 교회도 절반 이상이 미자립 상태를 벗어나지 못하고 있는 것으로 조사됐다.

3부

킹덤처치
이렇게 준비하라

08

킹덤처치를 위한 목회자의 준비

터 파고 건물 세우기

어렸을 적에 주위에 건물이 세워지는 것을 보면 참 신기했다. 포크레인이 와서 땅을 파는 것을 본 지 얼마 안 된 며칠 만에 뚝딱 건물이 완성되는 것을 보면 탄성이 절로 나왔다. 한번은 어떤 건물을 짓기 시작했는데, 몇 달 동안 작업이 진척되지 않고 계속 땅 파기 작업만 하는 것 같은 느낌이 들었다. '왜 여기는 이렇게 오래 공사를 할까? 공사를 진행하는 사람들은 놀고 있는 걸까?' 겉으로 봐서는 잘 알 수 없었다. 나중에 알게 된 사실이지만, 건물이 뚝딱 세워진 곳은 2층짜리 조립식 건물이었다. 반면 오랫동안 공사가 진행되는 것처럼 보였던 곳에는 10층 높이의 대단히 멋진 빌딩이 들어섰다. 높고 견고한 건물을 짓기 위해서는 땅을 깊이 파고 기반을 다지는 일에 시간이 많이 걸린다는 것을 후에 알게 되었다.

교회 개척을 터를 파고 건물 세우는 것에 비유하자면, 건강한 교회를 목표로 교회를 개척한다는 것은 대단히 시간이 많이 걸리고 성과가 더딘 것처럼 보이는 작업이다. 우선 새로운 시대가 요구하는 건강한 교회가 무엇인지에 대한 성경적 정립을 하는 데 많은 시간이 걸린다. 목회자가 개척을 위해 건강한 리더십과 인격, 선지자적 설교를 준비하는 일에도 깊은 고뇌와 훈련이 필요하다. 또한 건강한 교회에 대한 고민의 실효성이 현실 교회 속에서 양육과 예배와 다양한 실험을 통해 검증되기까지 오랜 피드백과 수정의 시간이 필요하다.

새로운 시대는 새로운 교회를 요구하고 있다. 지금까지 없었던 새로운 형태의 교회를 시도하는 것이 얼마나 어려운가? 개척 몇 개월 만에 몇 명이 모였다는 식의 판에 박힌 선전 문구들은 교회가 매력적인 지도자를 중심으로 많은 사람을 단시간에 끌어 모았다는 것을 보여준다. 하지만 이 시대가 요구하는 건강한 교회는 깊은 고민과 성찰의 시간, 다양한 시도들이 실효성을 검증받는 시간을 요구한다.

사람이 많이 모이는 교회를 만드는 것이 목적이라면 새로운 시도는 필요 없을지도 모른다. 이미 한국 교회가 충분히 성공했기 때문이다. 뜨겁게 기도하는 교회를 세우는 것이 목적이라면 새로운 시도는 필요 없을지도 모른다. 이미 한국 교회는 충분히 뜨겁게 기도하기 때문이다.

새로운 교회 운동의 모판이 될 건강한 교회로서 킹덤처치가 요청된다. 다소 완성도가 떨어질지라도 새로운 복음 사역의 실험이 가능한 교회가 필요하다. 조금 더디더라도 미래의 한국 교회를 위해 새로운 시도를 검증할 수 있는 교회가 필요하다. 이를 위해 목회자들에게는 회심 후 사도 바울이 광야에서 보냈던 시간 같은 성찰의 시간이 필요한 것이다.

개척의 소명의식이 분명한가?

교회 개척은 매우 어려운 일이다. 21세기 한국 같은 상황에서는 더욱 그렇다. 교회 개척의 필요성에 대해 기독교인마저 회의를 품는다. 대부분의 목회자도 복음을 전하는 데 있어서 교회 개척보다 더 나은 방법이 많다고 생각한다.*

2005년 개척을 준비할 당시 나는 많은 이들의 반대에 부딪혔다. 나의 미래를 걱정해주시는 선배 목회자 중 단 한 분도 개척에 동의하지 않았다. 그 분들의 고견과 사랑에 감사드린다. 얼마나 힘든 일인지 알기 때문에 반대하셨을 것이다. 하지만 종교적 제도와 형식을 뛰어 넘어 하나님나라를 구현하는 킹덤처치를 세우는 일을 위해 교회 개척은 꼭 필요한 수단이라는 것을 지금 더 절실히 느낀다.

새로운 교회 운동을 위한 교회 개척에서 가장 중요한 요소는 단연 소명의식으로 투철하게 준비된 목회자이다. 홍정길은 교회 개척에서 가장 중요한 핵심은 교회 개척의 의지가 뚜렷하고 열정이

---

* Sanchez and Smith and 김종환, 재생산하는 교회, 7.

있는 하나님의 사람, 즉 목회자라고 단언한다.* 하나님께서는 환경과 조건을 따지며 일하시지 않는다. 부르심에 순종한 하나님의 사람을 통해 환경과 조건을 뛰어 넘어 일하신다. 교회 개척을 위해 먼저 목회자 자신이 무엇을 위한 부르심을 받았는지에 대해 분명한 확신이 있어야 한다.

나는 34세에 교회 개척을 준비하여 35세에 설립예배를 드렸다. 돌아보면 준비되지 않은 부분이 많았다. 하지만 한 가지 분명한 것이 있다. 지금까지 흔들리지 않고 어려운 시기마다 극복할 수 있었던 것은 하나님께서 이 길로 나를 부르셨다는 분명한 소명의식 때문이었다는 사실이다. 하나님의 부르심은 극복하기 어려운 힘든 상황 때문만이 아니라 더 나은 것처럼 보이는 길에 대한 유혹 때문에 좌절된다.

김종환과 다니엘 산체스와 에비 스미스는 교회 개척 지도자들의 중요한 특징 중 하나가 그 사역이 하나님의 계획이며 단지 인간의 소망이 아니라는 분명한 깨달음이라고 말했다.** 고층 건물을 세울 때는 땅을 깊게 파고 기초를 튼튼히 세워야 한다. 흔들리지 않는 견고한 건물을 세워야 하기 때문이다. 이 시대 교회 개척이 무척 힘든 일이니만큼*** 가장 중요한 기초는 소명의식이다. 소명의식이 분명한 목회자만이 교회 개척을 통해 하나님께서 계획하신 일을 성취

---

* 목회와신학 편집부, 교회 개척, 105.
** Sanchez and Smith and 김종환, 재생산하는 교회, 140.
*** Aubrey Malphurs, 21세기 교회 개척과 성장과정, 홍용표 역 (서울: 예찬사, 1996), 29-30.

할 수 있다.

피터 와그너는 교회 개척이 어렵고 긴장되고 좌절감을 안겨주며 많은 것을 요구하는 작업이기 때문에, 하나님의 뜻에 전적으로 순종할 자신이 없는 사람은 교회 개척을 시도하지 말아야 한다고 말했다.* 전적으로 동의한다. 개척을 시도하려는 사람은 '남들이 권한다'거나 '다른 사역지가 없어서' 같은 이유로 개척을 시작해서는 안 된다. 분명한 소명의식을 확인해야 한다.

잘못된 교회 개척의 동기

일부 교단은 신학생들에게 무조건 개척을 권한다. 반면 어떤 목회자는 유능해 보이는 후배 목회자에게 개척을 만류하는 경향이 있다. 이것은 모두 인간적인 생각에서 나온 것이다. 교회 개척은 하나님께서 자신의 뜻을 이루시기 위해 새로운 교회 운동을 일으키시는 하나님의 방식이다. 교회 개척이 교회 숫자를 늘리기 위해 장려된다든지 혹은 교회 개척을 '힘들어 기피하려는 일'로 이해한다면, 새로운 시대를 위해 새로운 교회 운동을 늘 일으키신 하나님의 계획을 이룰 수 없다.

명성훈은 교회 개척의 잘못된 동기를 7가지로 제시한다. 교회를 하나 가지고 싶어서, 생활의 방편으로 삼기 위해서, 내 마음대로 목회하고 싶어서, 사람들이 개척하자고 하니까, 신학교를 나왔으니까, 부교역자로서는 한계가 있으니까, 환경적으로 어쩔 수 없어서

---

* C. Peter Wagner, *교회 개척 이렇게 하라*, 서로사랑 편집부 역 (서울: 서로사랑, 2002), 58.

등이다.* 잘못된 동기로는 하나님의 계획을 이룰 수 없다. 목회자에게 분명한 소명의식이 있어야 어렵고 견디기 힘든 상황도 이기고 사명을 완수할 수 있다.

일반적으로 소명이란 다양한 차원에서 이해된다. 첫째 하나님의 자녀로 부르신 구원의 차원에서, 둘째 하나님의 백성으로서 이 세상을 어떻게 살아야 하는가 하는 삶의 차원에서, 셋째 다양한 직업 중에 목회나 선교 등의 구체적인 직업으로의 부르심의 차원에서, 나아가 넷째로 사역자 개개인에 대한 특정한 하나님의 계획의 차원에서 소명의식이 필요하다. 이 중 교회 개척을 위해 목회자에게 가장 필요한 것은 개개인에 대한 하나님의 특정한 계획 차원에서의 소명의식이다. 즉 하나님께서 자신이 세울 새로운 교회를 통해서 그 시대와 그 지역에 하나님께서 계획하신 새로운 교회 운동을 일으키실 것이라는 소명의식이 분명해야 한다는 것이다. 교회 개척을 꿈꾸고 있는 목회자라면 위의 네 가지 차원의 소명의식이 모두 분명해야 한다.

자신만의 목회 철학과 비전이 있는가?

소명의식이 교회 개척의 기초라면, 목회 철학과 비전은 교회의 뼈대이다. 분명한 소명의식은 하나님께서 그 시대의 어떤 목회자에게 맡기실 사명에 맞는 목회 철학과 비전으로 연결된다. 하나님 나라를 위해 활기차게 사역하는 목회자들은 대부분 자신만의 분명

* 명성훈, *교회 개척의 원리와 전략*, 41.

한 목회 철학과 비전이 있다. 교회 개척을 준비하는 목회자라면 먼저 자신의 삶의 현장에서 자신만의 분명한 목회 철학을 고민하고 비전을 세우는 일이 필요하다. 하나님께서 이 시대를 향해 품으신 새로운 교회 운동의 계획에 걸맞는 목회 철학과 비전이 정립되지 않으면, 결국 이리 저리 세상 흐름을 따라다니며, 세속적 성공을 추구하는 목회자가 될 수밖에 없다.

목회 철학이란 '건강한 교회론과 성경적인 세계관을 바탕으로 어떻게 목회를 해야 할 것인가에 대한 신념'이다. 목회 철학은 목회자의 신학으로부터 나온다. 신학적으로 충실히 훈련되는 것이 건강한 목회 철학을 갖는 데 무엇보다 중요하다. 황성철은 목회자가 신학적 기초를 결여하고 있을 때 결과지향적인 목회에 유혹을 받으며 교회는 병들게 된다고 말한다.[*] 한국 교회의 현실은 교회가 양적으로 성장하는 일에 초점이 맞춰져 있고, 교회에서 선포되는 복음의 내용도 피상적이고 내세적이며 기복적인 경향을 보인다. 그에 따라 교회에 수많은 문제들이 발생하고 있다.

유진 피터슨은 현대 교회 리더십의 신학적인 부분이 치유와 마케팅 기법 때문에 가장자리로 밀려나고 복음의 근원에서 분리되었다고 지적한다.[**] 건강한 신학적 기반에 근거한 목회 철학의 정립은 하나님께서 요구하시는 새로운 교회 운동의 핵심이다.

이 시대가 요구하는 새로운 교회 운동에 헌신하기 위해 교회를

---

[*]   황성철, 개혁주의 목회신학 (서울: 총신대학교출판부, 2004), 25.
[**] 유진 피터슨 외, 껍데기 목회자는 가라, 차성구 역 (서울: 좋은씨앗, 2001), 104.

개척하려는 목회자들에게는 성경적이고 신학적인 교회의 기반을 닦는 시간이 필요하다. 예배, 설교, 전도, 양육, 문화, 선교, 구제 등 복음 사역을 위한 모든 부분들이 신학적 기반 위에서 시대적 요구와 조화를 이루도록 조정하는 작업이 필수적이다.

목회 철학에 이어 중요한 것이 비전이다. 데일 갤러웨이는 비전을 '존재하지 않는 것을 현실화된 것으로 볼 수 있는 능력 또는 하나님께서 주신 선물'로 정의한다.* 릭 워렌은 비전을 현재보다 나은 미래에 대한 선명한 그림을 마음속에 그리는 것이라고 했다.** 비전이란 '목회 철학에 근거한 교회가 감당할 사역의 미래에 대한 그림'이다. 교회는 소명의식에서 시작하며, 목회자가 제시하는 비전을 통해 교회는 동력을 얻는다.

명성훈은 조지 바나의 글을 인용하면서, 비전이 없는 사람은 지도자의 위치에 서지 말아야 한다고 강력하게 말한다.*** 확고한 비전은 교회 개척에 필수적이며, 실제적으로 정말 큰 도움을 준다. 김종환과 다니엘 산체스와 에비 스미스는 교회 개척자의 확고한 비전이 분명한 방향 감각을 제공해주며, 적합한 동역자들로 이루어진 팀을 구성하는 데 도움이 되며, 공동체의 일체감을 높인다고 말한다.****

*   Dale E. Galloway, *20/20 Vision: How to Create A Successful Church With Lay Pastors And Cell Groups* (Portland: Scott Publishing, 1986), 29. Sanchez and Smith and 김종환, *재생산하는 교회*, 185에서 재인용.

** Rick Warren, *The Purpose-Driven Church* (Grand Rapids: Zondervan, 1995), 100.

*** 명성훈, *교회 개척의 원리와 전략*, 87.

**** Sanchez and Smith and 김종환, *재생산하는 교회*, 186.

그러면 어떻게 비전을 세울 것인가? 목회자가 자신의 비전을 그릴 때 중요한 것은 하나님의 뜻을 구하는 기도와 하나님께서 마음에 주신 사역 대상에 대한 경험과 연구, 자신의 달란트에 대한 철저한 분석이다. 김종환과 다니엘 산체스와 에비 스미스는 비전을 갖는다는 것이 과정의 결과라고 말하면서, 다음과 같은 중요한 단계들이 있어야 한다고 말한다. 하나님의 구속에 대한 명확한 개념이 있어야 하며, 기도와 묵상의 시간을 계속 가져야 하며, 사역 대상 그룹과 관련된 필요와 기회를 직접 경험해야 하며, 자신의 비전을 조율하는 노력의 일환으로 다른 비전을 가진 교회 개척자들과 대화를 나눌 필요가 있으며, 비전을 잘 표현한 비전 선언문을 작성하는 것이다.*

목회자가 하나님의 뜻과 상관없이 비전을 세울 때, 그것은 이루어져도 이루어지지 않아도 비극이다. 목회자가 자신의 달란트에 대한 분석 없이 남들이 잘 하는 것을 나도 해야겠다고 생각하면 실패할 가능성이 높다.

나는 사역의 경험과 나의 달란트에 대해 생각하며, 새로운 교회 운동을 위한 킹덤처치를 마음에 품었다. 한국 교회가 신학적으로도 현실적으로도 새로운 세대에게 분명한 한계를 드러내고 있다는 것을 사역을 경험하면서 깨닫고, 새로운 교회 운동을 담아낼 수 있는 새로운 교회를 세우는 것이 나의 사명이라고 확신했다. 이러한 소명의식 속에 성경과 복음과 신학적 주제들에 대해 연구하며

---

* 위의 책, 187-188.

목회 철학을 공고히 하는 한편, 수년 동안 기도하고 연구하면서 도시, 미래, 선교, 복지라는 네 개의 비전을 세웠던 것이다. 결국 미래에 대부분의 사람이 모여 살게 될 도시에 건강한 대안적 공동체를 세우고, 미래 사회에 영향을 미칠 수 있는 그리스도인을 세우기 위해 성경과 기독교 신앙에 대한 새로운 방식의 양육을 계획했다. 결국 교회를 통해 만물을 회복하시려는 예수 그리스도의 구원 사역에 동참하려는 비전을 그린 것이다.

나는 도시의 젊은 세대에게 관심이 많았다. 도시의 젊은이들이야말로 변화에 수용적이며, 새로운 교회를 실험하고 받아들일 준비가 되어 있는 대상이라고 보았다. 또한 새로운 교회 운동을 필요로 하는 세대라고 보았다. 내 안에 그들에게 하나님나라를 경험하는 삶을 살게 하고픈 소망이 많았고, 그 일에 달란트가 있다는 것을 사역 중에 발견했다. 이러한 과정 속에 교회가 세워졌다. 그 결과 하나님나라 복음에 기초한 목회 철학과 비전이 세상의빛교회의 동력이 되고 있다.

자신만의 분명한 성경적 목회 철학과 하나님 앞에서의 처절한 기도와 자신에 대한 분석을 통해 세워진 비전은 아무리 어려운 상황에서도 교회가 날아오르게 하는 건강한 연료가 될 것이다.

개척 멤버 구성과 재정 마련

개척에 대한 소명의식이 확실하고 자신만의 목회 철학과 비전이 분명하다면 킹덤처치를 세워 새로운 교회 운동에 동참할 준비가 되었다고 할 수 있다. 구체적이고 현실적인 준비를 할 차례다.* 21세기 한국적 상황에서 개척을 위해 가장 중요한 것은 개척 멤버 구성과 재정 마련이다. 명성훈은 현실적으로 교회 개척의 가장 어려운 문제는 재정 문제라고 했다.** 충분히 기도하면서 개척자의 상황에서 가장 좋은 방법을 모색하는 것이 요청된다. 흔히 계획 없이 무턱대고 시작한 것을 무용담처럼 이야기하는 분들이 있다. 하지만 계획을 할 수 없는 상황과 계획을 하지 않는 무모함은 구분해야 한다. 한국 사회가 경제적으로도 문화적으로도 많이 발전했기 때문에, 철저한 준비가 동반되지 않으면 많은 이들에게 복음을 전할 준비가 되지 않은 교회로 비춰지기 쉽다.

박준호는 교회 개척의 유형을 다섯 가지로 제시했다. 교회 중심의 개척, 목회자 중심의 개척, 평신도 중심의 개척, 교회의 분규로 인한 개척, 교회 비전에 동참하는 핵심 멤버들을 중심으로 한 개척이다.*** 지금 이 시대 교회 개척자들이 지향해야 할 교회 개척의 유형은 새로운 교회 운동에 뜻을 같이 하는 핵심 멤버들을 중심으로 성경을 공부하면서, 목회 철학과 비전을 공유하여 자연스럽게 준비된 후 시작되는 교회 개척이다.

민장배는 교회 개척의 7가지 유형을 소개하면서, 개척 멤버가 확보되면 창립하는 교회 개척 유형을 '성경 공부를 통한 교회 개

---

* 　명성훈, 교회 개척의 원리와 전략, 137.
** 　위의 책, 137, 148.
*** 박준호, "판교 지역에서의 효과적인 교회 개척전략 - 판교 사랑의교회를 중심으로", 33-36.

척'이라고 소개했다.* 교회가 교회를 개척하는 교회 중심의 개척은 일반적으로 많은 목회자들에게는 그림의 떡이다. 게다가 주변의 다른 교회들에게 이른바 대형교회의 확장이라는 비판을 받기도 한다.

평신도 중심으로 교회를 개척해서 목회자를 청빙하는 방식이나 교회의 분규로 인해 갑작스레 교회가 생기는 경우 등은 특수한 상황에서 고려되어야 할 개척 유형이다. 목회자가 분명한 목회 철학과 비전을 제시하며 성경적 기반을 세우는 과정에서 모인 개척 멤버들과 함께, 분명한 목적을 가지고 교회를 시작하는 것이 이 시대에 필요한 현실적인 교회 개척 방법이다. 이런 방식의 교회 개척이라면 더더욱 개척 멤버를 구성하는 일이 필수적이다.

시대가 많이 달라졌다. 교회가 없는 지역에 영혼 구원을 위한 계획을 가지고 천막을 치며 새로운 교회를 시작하던 시대와는 상황이 완전히 달라졌다. 특히 도시 지역에서의 상황은 과거와 비교가 불가하다. 사람들의 생활 수준이 높아져 믿음과 상관없이 자신과 문화적 수준이 맞지 않는 교회에 다니기 어려워졌다. 젊은이들은 더더욱 그렇다. 젊은 도시민의 감성과 문화적 수준을 어느 정도 충족시킬 필요가 있다.

요즘은 이단들의 활동이 많아져서 알려지지 않은 소형 교회에 대한 의구심이 많다. 분명한 비전으로 준비된 멤버들이 없다면 복음에 대한 관심을 가지고 새롭게 교회에 온 사람도 교회를 다니기

---

* 민장배, 교회 개척학, 54-56.

어렵다. 개인주의화되어 있는 현대 도시에서 특별한 사람이 아니라면 많은 사람이 다니지 않는 작은 교회에서 자신에게 관심이 쏟아지는 것을 견딜 수 없을 것이다. 게다가 목회는 혼자 할 수 있는 것이 아니다. 함께 달란트를 쏟아놓고, 말씀과 기도 이외에 교회를 세우는 데 필요한 다양한 사역에 헌신하고, 새로 방문하게 될 사람들을 섬길 수 있는 소수의 개척 멤버는 필수적이다. 나아가 개척 멤버들을 통해 교회에 필요한 재정의 씨앗이 마련될 수 있을 것이다. 민장배도 이런 유형의 교회 개척이 재정에 안정감을 준다고 지적했다.*

그렇다면 어떻게 개척 멤버를 구성할 것인가? 이것은 단기간에 이룰 수 있는 일이 아니다. 시간을 두고 이루어져야 한다. 사람의 마음을 하나로 모은다는 것은 매우 어려운 일이기 때문이다. 그런 점에서 개척 멤버를 구성하기 전 현실적 준비의 첫 단계는 개척 준비를 위한 기도회다. 한 주, 혹은 한 달에 한 번씩 목회자 가족을 포함하여 기도로 도울 사람들과 함께 기도회를 할 필요가 있다. 부교역자로 사역하고 있다면 이것은 매우 세심하게 준비되어야 할 것이다. 기존 교회와 마찰이 있으면 안 되기 때문이다.

나도 가정에서 1년 정도 기도회를 했다. 사역하고 있던 교회의 성도들에게는 알리지 않았다. 주변의 몇몇 목회자들과 지인들이 참석했다. 그들이 모두 개척에 동참하는 것은 아니다. 우리 교회의 경우에도 기도회에 참석했던 멤버들이 그대로 개척 멤버가 된 것

---

* 민장배, 교회 개척학, 55.

은 아니다. 또한 언제 개척을 해야겠다는 목표를 가지고 기도회를 한 것도 아니다.

기도회를 한 지 1년 정도 지나 하나님의 부르심이 확고해지면서, 나는 교회에서 사임하고 개척을 위한 구체적 준비를 하게 되었다. 하지만 이 기도회가 교회 개척을 위한 구체적인 첫 단계였다는 것은 분명하다. 그 과정을 통해 나는 부족하지만 분명히 개척을 위해 영적으로 준비할 수 있었다.

기도회가 진행되는 과정에서 어느 시점에 개척 멤버로 자원하는 몇 사람이 생긴다면, 그들과 함께 목회 철학과 비전을 공유하기 위한 모임을 가지면 좋다. 목회 철학과 비전이 공유되지 않은 개척 멤버는 동참하지 않는 것이 좋다. 교회가 자신의 뜻대로 되지 않거나, 교회에 어려움이 닥칠 때 문제를 일으킬 가능성이 높기 때문이다. 그런 면에서 작은 교회일수록 구성원들이 하나가 되는 것이 중요하다. 특히 새로운 교회 운동은 이미 교회에 대한 경험이 있는 개척 멤버들에게 잘 공유되지 않을 수도 있다. 새로운 교회의 목회 철학과 비전은 생소한 것이기 때문에 개척 멤버들이 피상적으로 동의한다고 해도, 실제로 교회가 개척되어 시간이 흐를 때 의견이 충돌하는 경우가 많다. 내가 개척한 교회의 경우 개척 멤버로 자원한 사람들은 소수의 미혼 청년들이었다.

사실 나에게는 개척 멤버들이 재정적으로 헌신하는 것보다 목회 철학과 비전으로 하나가 되는 것이 더 중요했다. 소수의 멤버들과 목회 철학과 비전 선언문을 정리하는 모임을 가졌다. 그들 모두는 아니지만, 상당수가 지금까지 교회의 든든한 버팀목이 되고 있다. 그들은 지하상가에서 시작한 교회의 불편도 감수했고, 교회에 위기가 있을 때마다 든든한 지원군이 되었다.

다음으로 재정 마련이다. 교회 개척자는 최선을 다해 새로운 교회를 개척하고, 그 교회가 잠재력을 십분 발휘하는 데 필요한 재원을 확보해야 한다.* 필요한 재정이 마련되지 않은 상태에서 개척을 하면 재정적인 압박 때문에 비전을 바라보는 눈이 흐려지기 마련이다. 목회자가 재정적 압박을 심하게 받아 목회에 전념하지 못하는 경우도 많이 봤다. 재정을 마련하는 일에는 정말 하나님의 도우심이 필요하다. 나의 경우 기도회를 진행하면서 참석한 분들과 함께 약간의 재정을 모을 수 있었고, 개척 멤버들도 헌금을 작정해서 동참했다.

개척 준비 기간과 초기 1년 반 정도는 후원을 자원한 분들을 통해 후원의 은혜를 누렸다. 교회나 기관을 통한 후원은 받지 않았다. 실제적으로 개척이 가시화될 때 새로운 교회 운동의 가치를 이해하는 분들을 통해 필요한 재정이 채워졌다. 목회자가 무리가 되지 않는 선에서 개척 멤버들을 구성하고 그들의 작은 헌신으로 재정이 모인다면 마음도 하나가 되어 교회를 시작할 수 있다는 것을 경험하게 되었다.

개척 멤버 구성과 재정 마련의 과정에는 또 다른 가치가 있다. 하나님의 소명을 확인할 수 있는 외적 조건이 된다는 것이다. 기대하

---

* Sanchez and Smith and 김종환, 재생산하는 교회, 175-176.

지도 않았는데 놀라운 방식으로 진행되는 멤버 구성과 재정 마련을 통해, 나는 개척에 대한 소명이 하나님께서 계획하신 것이라는 확신을 갖게 되었다.

지역 선정과 건물 임대

새로운 교회 운동을 위해 교회 개척의 소명을 받은 목회자가 성경적인 목회 철학과 하늘로부터 온 비전을 자신의 달란트로 펼쳐내며 하나님나라에 기여하기 위해 가장 중요한 요소 중 하나는 지역 선정이다. 지역 선정은 주님 앞에 철저히 헌신된 마음으로 기도하는 과정에서 목회자의 사역 비전과 영적 자산을 고려해 결정되어야 한다.

명성훈은 교회 개척을 위한 지역을 선정하는 데 크게 두 가지 방법을 제시한다. 지리적인 위치부터 선정하고 시작하는 것과 목회 대상으로 삼을 사람들의 지역으로부터 시작하는 것이다.* 전자는 목회자가 지역을 결정하고 교회를 시작하는 것이며, 후자는 목회자가 대상으로 삼을 사람들을 고려하여 개척을 시작한 후 지역을 결정하는 것이다.

어떤 목회자가 봉사와 섬김에 탁월하다면 그러한 달란트가 적용될 수 있는 지역이 선정되면 좋을 것이다. 어떤 목회자가 젊은 세대에게 비전을 심어주는 데 달란트가 있다면 젊은이가 많이 모이는 지역을, 지성인에게 적합한 양육과 기독교적 변증에 능하다면 지

---

* 명성훈, 교회 개척의 원리와 전략, 163-164.

성인을 목회할 수 있는 지역을 고려하면 된다.

교회 개척을 위한 지역을 선정할 때 사람이 많이 몰릴 수 있는 곳을 골라야 한다는 식으로 오해되고 있어 유감이다. 지역 선정은 하나님께서 이 시대 새로운 교회 운동을 위해 어떤 기여를 하도록 창조하시고 훈련시키시고 인도하시는지를 고려하여 결정될 문제다. 하나님께서는 다양한 목회자를 부르시고, 그들에게 지리적이고 문화적인 특성을 가진 다양한 지역을 섬기게 하신다. 따라서 개척할 지역은 하나님께서 자신에게 맡기신 특별한 사명이 무엇인지를 먼저 고려하고, 자신의 달란트와 사역 방향을 따라 기도하면서 선정하면 좋겠다.

목회자가 지역을 선정할 때 먼저 지역에 대한 연구가 이루어지면 효과적이다.* 지리적 조사뿐 아니라 인구 통계적 조사, 나아가 문화적 조사와 영적 필요에 대한 조사도 필요하다.** 목회자가 자신의 영적 자산과 달란트는 파악했지만 지역에 대해 오해하는 것이 있다면 지역 선정에 실패할 가능성이 높다. 그 지역이 자신의 목회 철학과 하나님께서 주신 비전을 조화롭게 이루기에 적합한 곳인지가 중요한 탓이다.

강남 지역을 선정한 이유

서울의 강남지역을 선정한 나의 경우, 새로운 시대에 필요한 건

---

* 위의 책, 164-165.
** 박준호, "판교 지역에서의 효과적인 교회 개척전략 - 판교 사랑의교회를 중심으로", 48-49.

강한 교회를 실험해야 한다는 신념으로 성령의 인도하심을 받아 이 지역을 선정했다. 새로운 교회는 시대에 맞는 새로운 복음 이해와 하나님나라의 개념으로 구체화된 새로운 교회론을 정립해야 가능하다. 이를 위해서는 새로운 교회 운동을 좀 더 쉽게 받아들일 수 있는 젊은 세대가 더 적합한 대상이라고 판단했다. 과거의 사역 경험을 통해 보았을 때, 젊은 지성인들에게 성경적 세계관을 양육하고 비전을 심어주는 일이 나의 달란트이기도 하기 때문이다.

물론 강남 지역은 교회 개척을 위해 많은 비용이 들어갈 것이고, 이미 큰 교회들이 있어서 교회 개척이 어려울 것이라는 주위의 우려가 많았다. 하지만 나의 목회 철학과 비전을 펼치기에 용이하고, 영적 자산과 달란트를 통해 새로운 교회 운동을 할 수 있으며, 교회에 대한 회의감이 많은 젊은이들이 세속의 물결에 휩쓸려 방황하는 곳이 나를 부르신 곳이라고 판단했기 때문에, 나머지는 하나님께서 도우시리라 믿었다. 여기에 개척을 준비할 무렵에 소천하신 아버지의 조언도 방향을 정하는 데 큰 도움이 되었다.

지역을 선정한 후에 두 달 정도 건물 임대를 위해 시간을 보냈다. 예배 장소를 위한 건물과 관련한 원칙은 개척 초기에 재정적 부담을 주지 않는 동시에 미래의 변화를 저해하지 않아야 한다는 것이다.* 최근 주일에만 카페나 공공건물을 임대하여 교회를 개척하는 사례가 많이 증가하고 있다. 하지만 여전히 교회를 위해서는 예배 장소를 임대하는 일이 현실적으로 필요하다. 건물을 임대하는 데

---

* Sanchez and Smith and 김종환, *재생산하는 교회*, 314.

는 비용이 발생하지만, 예배를 비롯해 다양한 양육프로그램을 진행하기 위해서는 어쩔 수 없는 일이다. 또한 카페나 공공건물을 주일에 임대하는 경우에도 별도의 사무실이나 주중 모임 공간이 있어야 기도 모임과 양육이 이루어질 수 있다는 점을 고려하면 건물 임대를 위한 비용의 문제를 감수할 가치가 충분하다.

건물 임대를 위해 어떤 점을 고려해야 하는가? 건물 임대에서 고려할 점은 비용을 감당할 수 있는 수준이 어느 정도인가와 교회를 위한 건물로 적합한가이다. 소음으로 인해 주변에 문제가 발생하는지, 주일에 주차할 공간은 어느 정도인지, 장차 교회가 준비하고 있는 프로그램에는 적합한지를 고려해야 한다.* 여기에 또 고려해야 할 것은 목회자의 목회 철학과 비전이다. 교회 건물이 크고 화려할수록 사람들에게 매력을 줄 가능성이 높다. 하지만 무분별한 교회 성장에 대한 비판이 만만치 않은 이 시대에 새로운 교회 운동을 꿈꾸는 목회자의 목회 철학과 비전이 확고하게 전달된다면, 수수한 교회 건물도 충분히 공감을 얻으며 그곳에서도 얼마든지 사명을 감당할 수 있다. 교회를 아름답게 꾸미는 것도 중요하지만, 교회가 비용을 지출하는 그 자체가 교회의 방향을 보여주는 것임을 기억해야 한다.

나는 저예산을 고집했다. 지하상가를 임대했고, 화려한 인테리어도 하지 않았다.** 개척 멤버들에게 미리 불편을 감수하도록 공

---

*   명성훈, *교회 개척의 원리와 전략*, 166-171.
** 나는 저예산의 교회 인테리어를 위해 KR북방선교회의 도움을 받았다.

감을 얻기 위해 노력했다. 대신 예산을 선교와 구제를 위해 집행하려고 노력했다.* 개척 첫해부터 여러 선교지에 재정을 후원하며 단기선교팀을 파송하고, 서울 안에 있는 장애우들을 위한 사역에도 동참했다. 이렇게 노력하다보니 자연스럽게 성도들은 공간에서 비롯되는 불편을 감수하고 교회의 재정 집행에 대해 신뢰하게 되었다. 재정 공개가 중요한 것이 아니라, 재정을 사용하는 방향성이 신뢰를 준다고 믿는다.

특수한 경우가 아니라면 개척 교회는 작고 초라할 수밖에 없다. 그런 것을 극복하기 위해 목회자와 성도가 목회 철학과 비전을 분명하게 공유하는 것이 중요하다고 믿는다. 이렇게 지역 선정에서 건물 임대까지 일관성 있는 원칙과 과정으로 진행되어야 열매를 맺을 수 있다.

---

* 나는 실제로 지하 건물을 임대하고 사례도 2006년 개척 첫 해에 받지 않는 대신 첫 해부터 선교와 구제를 위한 후원과 단기선교사역을 실행했다.

09

도시 자체를 분석하라

눈 덮인 들판에 길을 내기

예수와 사도시대로 계시는 끝났다. 구약을 통해 계시된 하나님의 구원 계획은 예수를 통해 성취되었고, 하나님나라가 이 땅에 도래했다. 교회는 그렇게 하나님나라를 완성하실 예수의 재림을 기다리면 되는가 싶었다. 주님의 재림은 계속 지연되었다. 초대교회는 교리적 문제들에 직면했다. 로마가 멸망했다. 교회는 계속해서 변화되는 시대에 대처하며, 이 땅에 하나님나라가 임하도록 새롭게 복음을 전해야 했다.

중세 말기에 교회는 큰 변곡점을 맞게 되었다. 그 후 개혁된 교회를 통해 복음은 땅끝이라 여겨진 오지까지 전해지기 시작했고, 한때 끝이 보이는 듯했다. "이 천국 복음이 … 온 세상에 전파되리니 그제야 끝이 오리라"는 말씀(마 24:14)을 붙들고, 특히 20세기 말에는 한국에서도 재림에 대한 열망이 높았다. 하지만 주님은 아직 오시지 않았으며, 오히려 지난 20세기 후반 한국 사회는 지금까지 2000년 넘는 역사 속에서 일어난 변화와 견줄 만큼 엄청난 변화를 겪으며 21세기를 맞이했다. 교회는 주님의 다시 오심이 계속 지연되는 상황 속에서, 완성된 계시를 통해 받은 복음을 변화되는 시대에 맞는 방식으로 전해야 하는 중대한 임무를 맡게 되었다. 복음은 변하지 않았지만, 복음을 받아야 할 세상의 구성원들은 너무나 달라졌다. 하나님나라의 도구인 킹덤처치는 하나님나라의 복음을 새로운 시대에 전해야 하는 상황에 계속 직면해왔고, 앞으로도 그럴 것이다. 우리는 김구 선생님이 자주 인용하던 시를 생각할 수밖에 없는 시점에 있다.

"눈 덮인 들판을 걸어갈 때 발걸음 하나라도 어지럽히지 말라 오늘 내가 가는 이 길은 뒷사람의 이정표가 될 것이다."

교회는 상상할 수 없이 급변하는 세상 속에 존재하게 되었고, 처음 접하는 사회의 분위기에 당황하고 있다. 지금까지와는 다른 방식으로 생각하고 행동하는 새로운 세대에게 복음을 전하는 일에 고전하고 있다. 교회는 앞으로 지금까지 생각할 수 없는 시대에 존재하게 될 것이며, 그 시대를 살아가는 사람들에게 복음을 전해야 할 것이다. 따라서 눈 덮인 들판, 즉 이전에 누군가 길을 낸 적이 없는 곳에서 스스로 복음 전파의 길을 찾아야 할 것이다.

새로운 교회 운동은 한편으로는 우리가 전해야 할 복음의 내용에 대한 끊임없는 토론과 연구에, 다른 한편으로는 복음을 전해야 할 대상인 도시와 새로운 세대에 대한 연구에 매진해야 한다. 특히 급변하는 새로운 시대에, 도시에 거주하게 될 새로운 세대에게 복음을 전하기 위해 끊임없이 고민하며, 새로운 길을 제시하여 뒤 따라오는 복음 사역자들에게 이정표를 제시해야 할 것이다.

이 시대는 새로운 언어와 문화를 가진 이들에게뿐만 아니라, 새로운 세대와 대상들에게 그들의 정황에 맞게 복음 사역을 감당하는 교회를 요구한다. 탐 싸인은 이 시대에 세상의 필요를 채우면서 하나님나라를 구현하려는 시도들을 네 가지로 소개한다. 그는 온 세계를 다니며 체험한 결과, 세계 교회들 안에서 일어나는 새로운 운동들을 이머징 교회, 선교적 교회, 모자이크 운동, 수도원 운동으로 분류하여 소개하고 있다.* 변화되고 도시화되어가는 이 세상에 새로운 교회 운동들이 필요하고, 이에 대한 고민이 많이 시도되고 소개되는 일은 매우 고무적인 일이다. 물론 복음을 분명히 견지한다는 전제조건하에서 말이다.

복음을 변질시키지 않으면서 급변하는 도시와 그 안에서 새롭게 나타나는 세대에게 복음을 전할 뿐 아니라, 복음으로 문화를 변화시켜 하나님나라를 이 땅에 구현하는 킹덤처치를 세워가는 일에 매진하자.**

---

*　Tom Sine, *하나님나라의 모략*, 박세혁 역 (서울: IVP, 2014), 36-67을 참고하라.

**　장남혁, 한국 문화 속의 복음 (서울: 예영커뮤니케이션, 2010). 이 책에는 한국 문화 속에서 어떻게 복음 사역을 감당할 것인지에 대한 다양한 접근이 소개된다. 236-349 참고.

도시의 새로운 세대를 주목하라

뉴욕 리디머교회의 팀 켈러 목사는 세상을 바꾸기 위해서는 도시가 변화되어야 한다고 주장한다.* 그는 우리가 도시에 주목해야 한다는 메시지를 주는 훌륭한 예언자이다. 그는 뉴욕의 맨해튼에서 교회를 개척하여, 세계의 도시 지역에 세워지는 교회들의 모델이 되고 있다. 그는 도시에서 살아가는 과거의 성도들뿐만 아니라 회의론자들의 우상을 분석하고, 그 우상들을 뛰어넘는 예수 그리스도의 복음에 집중하여 도시의 새로운 세대에게 복음을 전하는 사역에 이정표를 제시했다. 그는 심지어 다양한 계층, 다양한 인종 등이 모여서 살게 될 대도시가 선교의 중심지가 될 것이라고 주장한다. 앞으로는 선교도 도시 안에서 이루어질 수 있다. 그는 빈민선교, 이주노동자 선교, 다문화 선교 등 도시에서 이루어질 복음 사역을 제시하며 선교의 새로운 패러다임까지 제시한다.

현대 복음 사역자들은 특히 도시에 집중할 필요가 있다. 우리가 원하든 원치 않든 세계의 도시화는 가속화되고 있기 때문이다.** 도시학자들은 앞으로 더욱 많은 사람들이 직장과 교육과 문화생활과 의료 등을 위해 도시로 모여들 것이라고 예측한다. 이런 상황에서 미래의 복음 전파의 중심지는 도시일 수밖에 없고, 새로운 교회

---

*   Keller and Thompson, *Redeemer Church Planting Manual*, Ch. 3참조

** 국토교통부, 한국토지주택공사, "우리나라 도시 지역 인구현황", Online: http://www.city.go.kr. 우리나라의 경우 60년대 이후 산업화에 따른 이촌향도현상으로 도시화가 가속화 단계에 들어섰고, 70년대부터 80년대 초까지 급격하게 도시화가 진행되었으며, 현재는 종착단계에 이르렀다고 할 수 있다. 우리나라 도시 지역 인구비율은 1960년(39.15%)부터 2000년(88.35%)까지 49.2% 급증하였으며, 2005년(90.12%) 이후 증가추세가 둔화되었지만, 2013년 현재 91.58%에 달하고 있다.

운동도 도시를 중심으로 진행될 것이다.

한국의 경우에도 서울과 서울을 중심으로 한 주변 경기 지역에 인구의 반이 살아간다. 한국 교회는, 특히 도시 지역의 교회들은 교통수단의 발달로 인해 점점 지역을 중심으로 한 교회에서 다양한 지역에 성도를 둔 교회로 바뀌어가고 있다. 과거에는 교회의 이름도 ○○제일교회, 제이교회, ○○북부교회, 동부교회 등 지역을 분할하는 형식으로 지었다면, 요즘은 교회의 목회 철학과 비전이나 사역 방향을 담아 짓는다.

이러한 상황 속에서 새로운 교회를 개척하는 방식으로 새로운 교회 운동에 동참할 복음 사역자들은 도시와 급변하는 사회의 영향으로 형성될 새로운 세대에 대해 연구해야 한다. 특히 21세기 한국의 도시 지역에서 교회를 개척하려는 사역자들은 먼저 도시 지역의 전반적인 특징을 영적인 견지에서 살펴볼 필요가 있다. 교회 개척을 위해 지역을 연구하는 것도 중요하지만 도시 지역 시민들의 전반적인 삶의 정황과 영적 필요, 문화적 특징들을 파악하는 것이 개척을 위해 훨씬 더 중요하다.

도시 지역에서 새로운 교회 운동을 시도한다는 것은 도시 지역의 문화가 시차를 두고 주변 지역으로 확산되어 나간다는 의미에서, 또한 한국 사회가 빠른 속도로 도시화된다는 의미에서 중요하다. 또한 도시 지역에서 복음 사역을 할 때 집중해야 하는 새로운 세대는* 한국 교회의 미래를 짊어질 세대이자 기성 세대와 큰 세대 갈등을 겪고 있으며, 또한 교회를 많이 떠나는 세대라는 면에서 중요하다.

교회는 이런 도시를 어떻게 복음화해야 하는가? 도시에 어떻게 하나님나라의 복음을 전하며 복음적 문화를 형성할 것인가? 이런 고민을 하면서 한국 도시 지역의 특징을 살펴보고, 또한 앞으로 교회의 주축이 될 새로운 세대에 대해 연구하는 것이 킹덤처치를 지향하는 이들의 사명이 될 것이다.

도시민의 전반적 특징

첫째, 권위의 상실로 세속화가 급속화되고 있다

복음 사역의 중심지가 될 도시에서 더욱 급격히 세속화가 진행되고 있다. 기존의 가치관이 흔들리며 전통적 윤리개념이 붕괴되는 현상이 나타나는 것은 도시의 특징 중 하나다. 이런 도시 상황과 더불어 볼 때 세속화란 무엇인가? 위키 백과에서는 세속화를 '종교적 가치와 제도가 매우 동일시되던 사회가 비종교적 가치와 세속

---

* 여기에서 젊은 세대는 20세에서 40세까지의 세대로 규정할 것이다. 지금의 20대는 2008년 경제위기 이후 비정규직법 아래에서 사회에 진출하게 된 세대이며, 지금의 30대는 1998년 IMF 외환위기 이후 고용불안 상태에서 사회에 진출하게 된 세대이다. 20세에서 40세까지의 세대는 디지털 세대라 할 수도 있으며, 에코붐 세대라 할 수도 있다. 그 이전 세대와는 확연히 다른 문화적 특징을 가지고 있다. 지금 한국 교회의 실정에서 20-40세까지는 대부분의 교회에서 매우 젊은 세대에 속한다. 게다가 늦은 취업과 결혼은 30대를 청년 그룹과 유사한 정서적 특징을 갖게 만들었다. 한국 교회가 그만큼 고령화되었고, 젊은층이 교회를 많이 이탈하게 되었다는 것이다.

적 제도로 변화하는 과정을 일컫는 말'이라고 정의한다.* 세속화는 일반적으로 종교(기독교)의 가치관이 지배하던 서구 사회가 탈종교(탈기독교)화되면서 나타나는 사회의 변화다.

우리는 좀 더 넓게 세속화를 이해할 필요가 있다. 우리나라를 비롯해 발전된 국가들이나 도시에서 나타나는 세속화는 과거의 종교나 전통적 가치관에 근거하여 만들어진 제도나 규범이 포스트모더니즘 운동을 통해 권위를 잃고 새로운 제도나 규범으로 대체되어 가는 현상이다. 세속화의 동력은 종교나 전통을 고수해온 기존 사회의 문제점들과 그 문제점들을 만든 권위에 대한 도전의식이다.

기존의 종교나 전통이 만든 가치들이 문제가 있다는 인식이 팽배해지면 그에 대해 도전하려는 힘이 강해지기 마련이다. 지금 도시에서 이러한 세속화의 진행 속도가 빠른 대표적 이유는 기성 세대의 권위가 사라진 것이다. 그 과정에서 당연히 종교적 가치관과 사회에서 널리 인정되는 보편적 규범들도 권위를 잃고 있다. 전세계적으로 세속화가 가속화된 시기는 20세기 후반이다. 세속화의 철학적 동력은 기존의 질서와 권위에 도전하는 포스트모더니즘이었다.

세속화 자체가 무조건 나쁘다고 볼 수 없다. 잘못된 종교적 전통이나 편협한 지배적 가치관들이 수정될 수도 있기 때문이다. 20세기 후반 세속화의 과정 속에서 유색인종, 여성, 장애인의 인권이 많

---

* 위키백과, "세속화", Online: http://ko.wikipedia.org/wiki/%EC%84%B8%EC%86%8D%ED%99%94

이 개선된 것은 긍정적인 면이었다. 하지만 20세기에 부정적 의미에서도 세속화가 급격하게 진행되었다. 자본주의 사회가 승리하면서 물질주의 가치관에 의해 모든 것이 돈으로 환산되어 가치가 매겨지고 있다. 인간의 가치, 직업, 사랑 같은 가치들도 경제적 가치로 환산되고 있다.

더 심각한 것은 인간됨의 기본인 윤리적 측면이 자리를 잃고 있는 것이다. 성적 타락과 그 정당화는 짧은 시간에 상상을 초월할 정도로 진행되었다. 과거의 전통적 권위와 규범들에 대한 도전이 빈곤층, 여성, 장애인, 유색 인종에 대한 차별 등 사회의 여러 문제에 의해 정당화되면서 성 윤리의 붕괴와 가정 개념의 파괴로 이어지고 있다. 하버드 대학의 마이클 샌델 같은 학자들을 필두로 윤리적 회복을 위한 노력이 나타나고 있지만, 교회마저도 세상의 물질주의적 가치관에 흔들리고 있으며, 이 과정에서 올바른 가치관이 설자리를 잃어가고 있다.

지금 도시는 욕망으로 가득한 개인들의 자유로운 선택으로 인해 가치관의 붕괴와 심각한 세속화의 문제에 봉착해 있다. 이제 도시의 새로운 세대 대부분은 더 이상 사회의 기존 권위를 인정하지 않는다. 기존의 권위로부터 내려오는 규범이나 가치관이 더 이상 전수되지 않는다. 기독교적 규범에 대해서도 마찬가지다.

현대 도시는 구조적으로 기존의 권위로부터 내려오는 규범이나 가치관이 전수되기 더욱 어렵다. 원래부터 살던 곳이 아닌 경우가 많고, 다양한 목적을 가진 사람들이 모인 도시에서 살아가는 사람들은 전통적 규범과 가치관을 전수해줄 권위자와 관계를 이루기가 쉽지 않다. 도시에 모인 사람들은 자신의 이익을 위해 사회 활동을 하며, 주변 사람들과 피상적인 관계를 맺는다. 물론 이런 피상적인 관계는 자신의 목적이 끝나면 함께 끝나는 경우가 대부분이다. 그러한 관계를 통해 가치관이 공유될 수 없는 것은 당연하다. 유행만 급속히 퍼지게 된다. 그들은 여가 시간을 위해 자신과 취향이 같은 사람들을 찾고 그들과 동호회 활동을 한다.* 그런 동호회가 외로움을 달래고 함께 취미를 공유하는 것에서부터 매우 다양한 분야로 확대되고 있다.

동호회는 인터넷을 중심으로 엄청나게 확장되고 있다. 이러한 상황은 한 마디로 '권위의 상실' 상태라 할 수 있다. 헨리 나우웬은 이 시대의 특징을 '아버지 상실의 시대'라고 표현했다.** 신뢰할 수 있는 권위자가 없는, 또 권위를 인정하기도 싫어하는 시대의 특징을 잘 표현한 것이다.

도시에서 살아가는 사람들, 특히 젊은이들은 자연스럽게 '권위의 상실' 상태에서 살아가기 때문에, 인생과 삶의 목적이나 가치관에 대해 훈련을 받지 못한다. 세속적 유행을 따라 자신의 소견에 좋은 대로 살아간다. 사회의 급격한 세속화는 바로 여기에서 출발한다.

---

* 정자연, "SNS동호회는 '취업 지름길'?" 경기일보, 2014년 7월 30일자. 한국직업능력개발원은 25-30세 5천 733명을 대상으로 '사회자본(Social Capital)'이 취업에 미치는 영향'을 분석한 결과, 사적 모임 참여자(80.0%)가 미참여자(73.9%)에 비해 취업률이 높았고, SNS 참여자(79.8%)가 미참여자(76.0%)보다 앞선 것으로 나타났다. 이는 사적 모임에 참여하면서 구성원과 다양한 정보 교류가 가능해 노동시장진입에 긍정적인 영향을 미치기 때문으로 분석된다.
** Henri Nouwen, 상처입은 치유자, 최원준 역(서울: 두란노, 2001), 45-50.

'권위의 상실' 상태에서 살아가는 현대 도시인들은 종교나 규범적 권위에 동의하지 않는다. 일정한 도덕적 기준이 없어진 상태, 규범과 가치관이 사라진 상태에서 도시의 세속화는 엄청난 속도로 진행되는 것이다. 세속화되어가는 세상 속에서 기독교인의 신앙적 가치와 기준마저 흔들리고 있다.

교회는 이렇게 권위의 상실을 통해 세속화되는 도시에서 어떻게 사역해야 하는가? 먼저 필요한 것은 교회가 기독교 신앙이 제시하는 삶을 살아가는 공동체의 모습을 보여줌으로써 진정한 권위를 회복하는 것이다. 시대에 필요한 복음 사역의 방향을 연구하고, 특히 종교 행사 위주로 모이는 것이 아니라 말씀을 삶으로 구현하는 진정한 공동체가 되기 위해, 이웃을 섬기는 모임으로 사역의 방향을 바꾸는 것이 좋다. 하나님의 통치에 순종하여 신앙과 삶이 일치하는 공동체를 만드는 일에 일차적 관심이 필요한 것이다.

교회가 율법주의적이고 교회 중심적인 신앙을 버리고, 세상을 섬기고 봉사하는 공동체를 세워감으로써 교회가 세상 사람들에게 진정한 권위가 된다면 좋을 것이다. 이 시대 도시 지역에서의 교회 개척을 꿈꾸는 목회자라면 자신이 세운 교회가 세상에 대해 진정한 권위가 되기 위한 양육과 섬김의 프로그램에 대해 고민하고, 대안을 만드는 일에 매진하면서 좋은 모델을 만들어내면 좋겠다.

둘째, 공동체의 상실로 개인주의가 극대화되고 있다
다음으로 살펴볼 도시 지역의 특징은 공동체의 상실로 인한 개인주의다. 이 시대 도시의 개인주의는 스스로의 선택이 아니라 공동체를 가질 수 없는 젊은 세대들에게 강요된 것이라는 특징이 있다. 통계청에 따르면 1980년 4.8%에 불과했던 혼자 사는 1인 가구의 비율은 2017년 27%로 증가했다.* 혼자 TV 보며 라면이나 간단한 식사로 끼니를 해결하는 경제적으로 궁핍한 1인 가구가 대단히 많이 증가했다는 것은 도시에 경제적인 이유로 개인주의가 강요되고 있다는 것을 보여준다. 40대 이상 전문직 여성 중에서 본인이 1인 가구를 선택한 경우도 있지만, 도시에는 1인 가구를 선택할 수밖에 없는 사람들이 많다. 그들은 원하든 원치 않든 인간의 삶에 꼭 필요한 공동체를 이루는 일이 점점 어렵게 느껴질 수밖에 없다.

요즘 서울에는 집밥 모임이 유행이다. 집밥 모임이란 홀로 살아가는 사람들이 모여서 다른 사람과 함께 밥을 먹는 모임이다.** 이른바 '소셜 다이닝'(social dining)이라 불리는 이 현상은 엄청나게 확산되고 있다. 소셜 다이닝의 유행은 사람들이 공동체가 없는 상황을 탈출하고 싶어한다는 것을 증명하기도 한다. 공동체를 이루기 어려운 상황을 부채질하는 것은 요즘 도시에 사는 젊은 세대들이 직장이나 경제적인 이유로 한 곳에 오래 거주하지 못하기 때문이기도 하다. 이리저리 이주하며 살 길을 모색해야 하는 도시의 젊은이들에게는 개인주의가 자신의 선택이 아니라 주어진 운명이다. 이른바 '공동체의 상실' 상태인 것이다.

---

* 박은평, "나홀로 사는 1인가구 27% 2명 중 1명은 빈곤상태" *이투데이*, 2017년 3월 3일자. 참고
** 남소연 홍현진, "혼자 간 '집밥' 모임만 20개 서울, 외로워요", 오마이뉴스, 2014년 10월 18일자.

도시로의 이주를 통해 가정이나 친족 공동체가 많이 붕괴되었다. 또한 경제적 이유로 더 저렴한 곳을 찾아 이주하기를 반복하면서 나타나는 공동체의 상실 현상이 가져온 정신적 폐해는 심각하다.

한국보건사회연구원이 20대 이상 1인 가구 4000명을 전화로 인터뷰했다. 독신 생활에 만족한다는 응답이 20,30대는 52.7%로 절반을 조금 넘겼지만, 40,50대에서는 41.9%, 60대 이상에서는 36.7%로 줄어들었다.* 공동체가 없는 현실은 인생을 점점 힘들게 한다. 앞으로 1인 가구는 늘어날 것이고, 이들의 삶은 더욱 힘겹고 고독해질 것이다. 이것은 도시화되어가는 대부분의 지역에서 나타나고 있고, 앞으로 더욱 확산될 현상이다.

사람은 홀로 살아가기 힘든 존재다. 누구에게나 공동체가 필요하다. 하지만 현대 사회는 다양한 목적을 가진 수많은 사람들을 도시로 밀집시켰다. 그러다 보니 도시민들은 진정한 의미에서 자신들의 삶에 안정을 줄 수 있고 자신을 사랑하고 지지해주는 공동체 없이 살아가게 된 것이다.

사실 이 시대 사람들이 개인주의를 선택한 것이 아니다. 그들은 공동체가 없는 개인주의적 삶에 익숙해진 것뿐이다. 공동체가 없는 인간은 마치 디딜 땅 없이 날아다니는 새와 같다. 쉴 곳 없이 날아다니기만 하는 새처럼, '공동체의 상실' 상태에서 개인으로 존재

* 양민철 양인호, "1인 가구 450만 시대, 골드싱글 1세대 노후가 두렵다 보건사회연구소 독신보고서", 국민일보, 2014년 11월 13일자.

하며 살아가야 하는 도시 사람들은 보호자도 상담자도 없고, 자신의 이야기를 들어줄 친구도 없고, 사람이 없는 것에 익숙해지고, 서로를 의심하며 살아간다. 혹 공동체를 원한다고 해도 쉽게 찾을 수 없다. 옆집에 사는 사람과도 공동체를 이룰 수 없는 개인주의가 극대화된 삶 속에서 도시민들은 너무나 힘겨운 삶을 이어가고 있는 것이다.

공동체가 실종된 상황에서 개인주의적 삶을 살 수밖에 없는 도시 사람들을 위해 교회는 무엇을 할 수 있을까? 교회는 진정한 공동체를 제공해줄 필요가 있다. 이 시대에 대형화되는 교회에서 가장 큰 문제는 진정한 공동체를 이루기 어렵다는 것이다. 대형화된 교회는 개인주의적 도시민들에게 익명성을 보장해주는 곳으로 전락하는 문제점을 안게 되었다. 따라서 이 시대 새로운 교회 운동은 개인주의적 삶에 익숙한 성도들에게 진정한 공동체를 제공하기 위해 소그룹 사역에 힘써야 할 사명이 있다. 이것은 쉬운 일이 아니다. 소그룹 공동체를 통해 오히려 상처를 받기도 하고, 공동체를 강조하면 교회를 떠나는 사람도 있다. 그럼에도 불구하고 교회는 진정한 공동체가 되어 그런 사람조차 품을 수 있어야 한다. 세상 모든 사회가 공동체의 실종 상태로 치닫는 현실에서, 도시 지역에서의 교회 개척은 공동체에 대한 절박한 필요를 해결할 대안을 찾는 방법이다. 교회만이 사랑과 나눔을 실천하며 함께 살아가는 진정한 공동체를 제공할 수 있기 때문이다.

셋째, 신뢰의 상실로 교회에 대한 반감이 확산되고 있다

에디 깁스는 1985년 전후의 세대를 조사한 결과 젊은 세대는 그들의 부모세대보다 불신이 많으며, 특히 미국이나 영국에서 제도적 권위에 대한 불신이 심각해지고 있다고 경고한다.* 신뢰를 잃어가는 제도적 권위 중 하나가 교회라는 사실은 분명하다. 이러한 현상은 한국에서도 동일하다. 이 시대 사람들, 특히 도시 지역에 사는 사람들은 과거보다 탈권위적이며 사회정의에 대해 깊은 관심을 갖는다. 한국에도 젊은 계층은 기성 세대와 정치권에 대한 불신을 가지고 있다. 이들에게 기독교에 대한 반감은 전 세대에 걸쳐 상당히 크다.

일부 교회에 대한 반감은 이미 기독교 전체에 대한 반감으로 이어진 지 오래되었다.** 물론 인터넷을 통해 기독교에 대한 반감을 조장하는 조직적인 활동이 있다는 정보도 있다. 언론의 부정적인 보도도 한 몫을 한다. 하지만 분명한 사실은 90%에 가까운 청소년과 청년층의 비기독교인뿐만 아니라, 다음 세대 한국 교회의 주역으로 성장해야 할 교회 내의 젊은 세대들에게서도 교회에 대한 반감이 커지고 있다는 것이다. 문제는 그 이유를 교회가 제공하고 있

---

*   Eddie Gibbs, 넥스트 처치, 111-112.

** 디지털뉴스팀, "종교 신뢰도 가톨릭, 불교, 개신교 순, 개신교 신뢰는 10명 중 2명", 경향신문, 2014년 2월 5일자. 기독교윤리실천운동(기윤실)이 4일 발표한 '2013 한국 교회의 사회적 신뢰도 여론조사' 결과를 보면, 기독교(개신교)를 '신뢰한다'는 응답은 19.4%에 그쳤다. 반면 '신뢰하지 않는다'는 응답은 44.6%나 됐고, '보통'이라는 의견은 36.0%였다. 주요 종교기관의 신뢰도는 가톨릭(29.2%)이 가장 높았다. 이어 불교(28.0%), 개신교(21.3%), 유교(2.5%), 원불교(1.3%) 순이었다. 종교가 없는 사람들의 종교 신뢰도를 보면 가톨릭(32.7%), 불교(26.6%), 개신교(8.6%)로 나타나 개신교 신뢰도가 더욱 낮은 것으로 나타났다.

다는 점이다.

어느 사회에서나 기독교든 다른 종교든 종교인들은 학자들과 함께 가장 신뢰받는 집단이라고 한다. 하지만 한국 기독교의 지도자들은 어느 사회에서나 불신의 대상인 정치인만큼이나 신뢰를 받지 못하고 있다. 종교 지도자들에 대한 불신은 불교나 가톨릭에서도 크게 다르지 않게 나타난다. 정치인은 말할 것도 없이 종교인까지도 불신할 수밖에 없는 상황에서 살아가고 있는 이 시대 도시 사람들은 '신뢰의 상실'을 깊이 경험하고 있다.

종교인마저 신뢰할 수 없는 사람은 누구도 신뢰할 수 없는 사회를 만든다. 신뢰를 잃어버린 사람들은 기본적으로 모든 것을 의심한다. 언론의 모든 보도와 모든 유명인의 발언을 의심한다. 사회의 구성원 개개인이 서로를 의심한다. 나아가 가정에서 가족끼리도 믿을 수 없는 상황에 처한다. 이러한 '신뢰의 상실'은 한 가정, 나아가 지역사회와 국가에 재앙을 가져다준다. 신뢰가 없는 사회에서는 개인과 개인 간에, 개인과 집단 간에, 집단과 집단 간에 큰 갈등을 야기한다. 이러한 갈등은 개개인의 삶에 스트레스를 유발한다. 수많은 정신질환이 발생하고 있다는 통계는 한국 사회 내에 불신에 의한 스트레스가 얼마나 많이 존재하는지를 보여준다.

일반적으로 갈등이 많은 사회에서는 법적 소송이 증가한다. 현재 한국 교회 안에서도 수많은 소송이 진행되고 있다.* 따라서 가뜩

---

* 김성원, "교회 분쟁의 해법은?" 아이굿뉴스, 2011년 8월 24일자. 2006년 통계에 의하면 법원에 제소된 전체 민사소송 379만 건 가운데 약 18%에 해당하는 69만여 건이 교회 또는 교인 관련 사건으로 추정된다고 한다.

이나 신뢰를 상실한 상황에서 살아가는 이 시대 도시 사람들은 교회와 교회가 전하는 복음에 대해서도 극도의 불신을 가질 수밖에 없다. 신뢰의 상실은 교회에 대한 반감으로 이어지고, 그 결과 비교적 자유로운 젊은 세대들은 교회를 떠나고 있는 것이다.

이런 상황에서 새로운 교회 운동의 첫 과제는 신뢰를 회복하는 것이다. 목회자들이 우선 교회의 추문들에 대하여 변명하기를 그치고, 잘못을 사과하며 스스로 자정 노력을 기울일 필요가 있다. 교회의 예산을 투명하게 운영하고, 사치스러운 삶을 절제하고, 낮은 자세로 세상을 섬기면 신뢰가 회복될 것이다.

교회는 도시 사람을 어떻게 섬길 것인가?

권위의 상실에 의한 세속화, 공동체의 상실로 인한 개인주의, 신뢰의 상실에 의한 교회에 대한 반감이 이 시대 교회가 섬겨야 할 도시에 살고 있는 사람들의 특징이다. 교회는 이런 도시 지역 사람들에게 어떻게 복음을 전하고 복음의 공동체를 이룰 것인가?

킹덤처치는 하나님의 통치에 집중함으로 초월적인 하늘의 질서를 이 땅에 실현한다. 세상으로부터 신뢰 회복을 위해 우리에게 필요한 것은 진정한 권위다. 권위는 곧 신뢰를 의미한다. 교회에 대한 신뢰 회복 없이 도시에서 교회를 개척한다는 것은 불가능하다

10

도시의 젊은 세대를 분석하라

신인류의 등장과 킹덤처치

새로운 복음 사역을 요청하는 것은 이 시대이며, 이 시대를 살아
가는 새로운 세대다. 사실 이 시대 젊은 세대는 신인류라 할 수 있
다. 젊은 세대가 기성 세대와 너무나 큰 사고방식의 차이를 보이게
된 것은 너무나 빠르게 진행된 사회 변화 때문이다.

20세기 한국은 조선 말기에서 일제시대를 거쳐 한국 전쟁과 최
빈국 시기를 경험했다. 또한 개발독재시대의 발전을 거쳐 세계화
와 그 부작용이 나타나는 사회로 전이되는 경험을 했다. 10년이면
강산이 변한다는 말은 이제 옛말이 됐다. 2,3년 정도만 지나면 과
거에 볼 수 없었던 새로운 현상이 등장하고 변화의 속도는 한층 가
속화된다.

교회는 이런 시대의 신인류인 젊은 세대를 분석할 절박한 필요

에 직면했다. 그 세대는 인류의 미래이며 교회의 미래이기 때문이다. 지금의 교회는 지금 세대에게 회복된 하나님나라를 선물해야할 도구다. 교회는 이제 오지에 사는 소수민족보다 문화인류학적으로 더 새로운 젊은 세대를 연구하고, 그들을 위한 복음 사역의 방법을 찾아야 한다. 어느 시대에서나 복음을 통해 하나님나라 도래의 소망을 주어야 하는 것이 킹덤처치, 곧 하나님나라를 구현하는교회다.

한국에서 젊은 세대에게 복음 사역을 하려면 새로운 세대인 젊은 세대에 대한 정의부터 해야 한다. 세대를 정의하는 것은 쉽지 않다. 다양하고 상이한 기준이 존재하기 때문이다.

문화인류학자인 서울대 한경구 교수는 '위기'를 기준으로 한국 사회를 직접위기세대, 간접위기세대, 탈위기세대로 구분하고, 위기가 사람의 인성에 어떤 영향을 미쳤는지를 설명한다.* 그는 그의 책에서 젊은 세대를 20세에서 40세까지로 정의한다. 대략 1970년대 후반에서 1990년대 후반 사이에 태어난 세대다.

한경구 교수의 정의에 의하면 이 세대는 탈위기세대다. 한국 사회가 일제시대나 한국전쟁을 겪은 직접위기세대와, 그 직접위기세대의 자녀로서 극심한 빈곤기를 겪었던 간접위기세대를 완전히 벗어난 세대라는 말이다. 21세기에 태어난 세대는 장차 또 다른 세대적 특징을 갖게 될 것이다.

---

* 한경구, "위기의 인성과 21세기 한국 사회", 20세기 딛고 뛰어넘기, 환경운동연합 21세기위원회 (서울: 나남, 2000), 289-303.

한국의 '젊은 세대'는 누구인가?

우선 20-40세까지의 세대는 현재의 고령화 사회에서는 대단히 젊은 세대에 속한다. 지금 어느 교회에서나 고령화가 심각하므로 이 연령 또래는 매우 젊은 세대로 분류된다. 이 세대는 민주화 이후 청소년기를 지낸 세대로서 민주적 의사결정을 선호한다. 하지만 이 세대는 대학을 졸업하고 사회에 진출할 때 사회의 변화를 겪은 세대이기도 하다. 우선 지금의 30대(30-40세)는 1998년 IMF경제 위기 이후 대학을 졸업하고 사회에 진출했다. 정리해고와 구조조정이라는 말이 그들의 직장생활에 늘 함께했다. 안정된 직장생활은커녕 취업조차 어려했던 세대다. 지금의 20대(20-30세)는 2008년 미국발 경제위기 이후 대학을 졸업하고 사회에 진출했거나 진출하려는 세대이다. 취업전쟁과 비정규직이라는 말이 그들과 함께했다. 취업하기도 어려워졌을 뿐만 아니라, 비정규직이나 아르바이트 형태로 경제활동을 하는 경우가 많다.

이 세대는 한국 근대사에서 처음으로 어렸을 때 극심한 가난을 겪지 않은 세대다. 어렸을 때는 비교적 풍족함을 누린 편이다. 따라서 이들이 사회에 진출할 때 닥친 1998년과 2008년의 경제 위기와 그에 따른 사회 변동은 이들에게 엄청난 충격이었다. 더 심각한 것은 장기적인 저성장의 기조 속에 높아진 주거비와 저임금으로 이들의 미래가 불투명하다는 것이다. 개인이 아무리 열심히 노력한다고 해도 소용없다는 비관적 생각이 그들에게 주입돼 있다.

세계적으로 이 세대에 대한 연구는 주로 비관적인 전망을 제시하는 경우가 많다. 독일 〈Die Welt〉 지의 저널리스트로서 오스트리아 출신인 올리버 예게스는 풍요로운 사회 속에서 자라며 아무것도 결정하지 못하는 이 세대를 '메이비 세대'(Generation Maybe)라고 지칭했다.* 디지털 사회에서 자라면서 책보다 스마트폰에 익숙하고, 140자 이상의 진지한 고민과 사고를 할 줄 모르는 세대다. 핵가족화된 사회 속에 살면서 경쟁을 빙자한 개인주의에 익숙해지고, 부모의 과잉보호까지 받으며 아무것도 결정할 수 없게 된 세대가 바로 이 세대라는 것이다.

2040세대를 정확히 대상으로 지칭하지는 않았지만, 마크 바우어라인은 사회가 1980에서 90년대를 지나 디지털 사회로 전환되면서 나타난 세대를 '가장 멍청한 세대'라고 부르기도 했다.** 이것이 기성 세대가 바라보는 젊은 세대의 모습이다. 세계적으로 젊은 세대는 부정적으로 묘사되고 있는 것이다. 그러나 한국 사회에서 20세에서 40세까지의 젊은 세대는 어떻게 살아왔는가? 한국 사회는 1998년을 기점으로 사회에 진출하여 취업을 하고 미래를 준비해야 했던 세대에게 가혹해졌다. 이들은 지금 30대가 됐다. 한 걸음 더 나아가, 2008년 미국발 금융위기 이후 한국 사회는 젊은이들이 살아가기에 더욱 힘든 사회가 되었다.*** 2008년 이후에 취

---

* Oliver Jeges, *결정 장애 세대*, 강희진 역 (서울: 미래의창, 2014), 21. 메이비족이라고도 불리우는 이 신조어는 말보로 담배의 'Don't be a Maybe'라는 문구에서 착안한 용어로, 1980년 이후 태어난 세대를 가리킨다.

** Mark Bauerlein, 가장 멍청한 세대, 김선아 역 (서울: 인물과 사상사, 2014), 5.

*** 이진영, "'우울한 청춘의 자화상' 결국 일자리가 핵심", 이투데이, 2014년 11월 18일자. 우리나라 전체 실업률 대비 청년 실업률 비율은 지난해 2.58배로 경제협력개발기구(OECD) 평균 2.3배보다 높다. 구직 포기 청년 실업자인 '니트족'이 청년 인구에서 차지하는 비중은 16%로 OECD 회원국 중 5위이다.

업을 해야 했던 세대는 지금의 20대다. 이 세대는 실제로 교회에서 가장 많이 이탈한 세대이기도 하다. 기성 세대에 대한 반감, 정부와 사회에 대한 반감도 심하다. 1995년부터 2005년까지 당시 18-32세까지의 세대(2015년을 기점으로 할 때 28-42세까지의 세대)에서 100만 명 정도의 기독교인이 교회를 떠났다고 한다.* 이 세대는 소위 말하는 가나안 성도(교회 나가지 않는 신자를 풍자한 말)의 대부분을 차지한다. 1884년부터 시작된 한국 교회는 100주년이 지나는 시점부터 서서히 새로운 세대를 품고 양육하는 데 실패했다고 볼 수 있다.

이 세대는 많은 면에서 이전 세대와 다르다. 특히 자라며 겪은 사회의 모습이 다르다. 그래서 전혀 다른 문화를 형성한다. 보통 전도는 동질문화권에, 선교는 타문화권에 복음을 전하는 일이라고 말한다. 타문화권에서의 선교에는 다양한 전략이 필요했다는 것을 선교 역사가 말해주고 있다. 타문화권에 복음을 전할 때는 언어적으로나 문화적으로 나타나는 신(神) 개념의 차이, 음식에서는 물론이고 장례와 조상에 대한 추모와 같은 문화적 차이, 의사소통 방법의 차이 등을 고려하여 신중하게 접근해야 했다. 교회는 그렇게 타문화권에 복음을 전하는 것 같은 어려움을 젊은 세대에게 느끼고 있다. 교회는 이들의 문화를 파악하고, 그들의 개념과 정서 속에서 복음 사역을 하는 데 실패했다.

---

* 우성규, "학업 취업 부담, 젊은이들이 떠난다", 국민일보, 2008년 12월 10일자.; "청년들이 교회 떠나는 이유", CBS 뉴스 2013. 7. 13. 참조.

20세기 말부터 사회는 더 빠르게 변화하고 있다. 인류 역사가 19세기까지 겪었던 변화보다 더 큰 변화를 20세기에 겪었다는 분석도 있다. 세대 간의 갈등이 많이 나타나는 이유도 여기에 있다. 생각하고 느끼고 의사소통하는 방식이 달라졌기 때문이다. 따라서 교회는 새로운 세대에게 선교적으로 접근해야 하는 것이다. 즉 그들을 타문화권 사람으로 이해하고 그들에게 맞는 복음 사역을 개발해야 한다. 새로운 세대의 상황(Context), 그들이 살고 있는 도시적 환경, 그들의 삶의 방식, 즉 문화를 고려하여 복음을 전해야 한다.

한국 젊은 세대의 세 가지 특징

첫째, 경쟁에 내몰린 세대

한국 도시 지역의 젊은 세대는 경쟁에 내몰린 세대다.* 이 세대는 어렸을 때부터 경쟁에 내몰려 매우 바쁜 삶을 살았다. 중학교 때부터 고등학교에 진학하기 위해 치열하게 입시를 준비해야 했다. 고등학교까지 서열화된 상황에서 성장했다. 인성교육이나 윤리의식, 사회성을 위한 다양한 활동을 할 시간적 여유가 없었다. 게다가 부모는 자녀들의 교육을 위해 맞벌이에 내몰려, 양육의 부재까지 더해진 젊은 세대는 외롭고 힘든 삶을 살았다. 경제적으로는 풍요로웠을지 몰라도, 기성 세대보다 전인격적인 삶을 준비하기 어려운

---

* 이유진 오현태, "어릴 때부터 극한 경쟁, 취업난 생활고의 연속 '청춘은 서글프다'", 《세계일보》, 2011. 12. 17일자.

상황에서 성장했다.

이 세대의 대학 졸업 이후 상황은 기성 세대보다 좋지 않았다. 1998년 IMF 경제위기 이후 대학생들은 1학년 때부터 취업을 위한 준비를 해야만 했다. 높은 학점은 물론이고 토익 같은 영어점수에 신경 써야 할 뿐 아니라 스펙을 쌓기 위한 봉사나 여러 활동을 했다. 대학 1학년 때부터 인생에 대한 고민과 성찰은 고사하고 취업 경쟁을 통과하기 위해 투자를 해야만 했던 것이다. 현저하게 높아진 등록금 때문에 경제적으로 여유가 없는 대학생들은 취업 준비 외에 아르바이트까지 해야 했다. 많은 대학생이 졸업하면서 학자금 융자로 인한 부채를 안고 사회로 나갔다. 취업 후에는 어떠했는가? 요즘엔 안정된 직장이라는 개념이 거의 없다. 가시적 성과를 요구하는 직장에서 엄청난 스트레스를 감내하며 일해야 한다.

이러한 경쟁은 자기계발서 열풍을 만들어냈다. 자기계발 강사들이 유명인이 되었다. 《아침형 인간》이 유행했고, 《성공하는 사람들의 7가지 습관》을 시작으로 수많은 자기계발서가 쏟아져 나왔다. 교회에서도 자기계발을 복음처럼 전했다. 그런가 하면, 자기계발 열풍이 한참인 상황에서 자기계발의 반대급부로 힐링 열풍이 불었다. 경쟁 상황에서 힘겹게 살아가는 사람들, 혹은 경쟁에서 뒤쳐진 사람들이 심리적 위안을 얻고 싶어했기 때문이다. 사회의 내적 치유 유행에 편승해 교회에서도 심리적 치유 설교가 유행했다. 자기계발과 힐링 열풍은 경쟁에 내몰린 우리 사회의 모습을 적나라하게 보여준다.

경쟁에 시달린 젊은 세대는 의사소통, 갈등해결, 리더십 등 인간 관계에 대한 훈련을 거의 받지 못하고, 경쟁에만 내몰리며 성장했기 때문에 직장에서 발생하는 문제들에 매우 취약하다. 여러 정신적 질환들, 소위 '정신의 감기'라고 하는 우울증이 급증했다. 심지어 자살이 늘어나기까지 했다.

카네기에 의하면 직장 안의 문제와 직장을 그만두는 이유 중 85%는 업무능력 때문이 아니라 인간관계 때문이다. 반대로 직장에서 성공하는 요인도 85%가 인간관계 때문이다. 15% 정도만 업무능력이나 기타 요인에 의한 문제가 이유다.* 한 개인이 사회에서 가정을 이루며 살아가기 위해 필요한 것은 스펙과 업무 능력 외에 너무나 많다. 하지만 맞벌이 부모가 많아진 상황에서 함께할 형제도 적은 가운데, 경쟁에 내몰리며 성장한 세대는 사회에서 살아갈 수 있는 인성, 협동심, 리더십, 의사소통 능력, 갈등 조절 능력이 현저히 떨어질 수밖에 없다. 경쟁이 계속되는 상황에서 군대와 직장 등 다른 사람들과 함께 일해야 하는 상황이 더해지면 쌓이는 스트레스는 더 심각해진다. 결과적으로 우울증이나 분노 같은 문제를 야기한다.** 불특정 다수를 대상으로 하는 우발적 범죄가 증가한다.

---

* Dale Carnegie, 인간관계론, 최염순 역 (서울: 씨앗을 뿌리는 사람, 2004), 14.
** 김현선, "20대 '조울증' 환자 급증", 데이터뉴스, 2013년 6월 3일자. 국민건강보험공단이 최근 5년간 (2007~2011년) '조울병'으로 인한 건강보험 진료비 지급자료를 분석한 결과, 진료환자는 2007년 4만 6,000명에서 2011년 5만 8,000명으로 늘었다. 특히 20대 환자의 증가가 두드러졌는데, 인구 10만 명당 진료환자 중 20대 여성은 연평균 8.1% 늘었고 남성은 7.9% 증가했다. 다른 연령층의 증가율이 6%를 넘지 않는 것과 비교하면 매우 높은 증가율을 보였다.

일생 경쟁에 내몰려 여러 좁은 문을 통과해야 하는 새로운 세대는 바쁘고 고된 일상을 살고 있다. 결혼을 하고 자녀를 낳더라도 배우자와 자녀를 돌볼 여유가 없다. 가정에는 갈등이 증폭되고 삶은 더욱 힘들어진다. 한국이 세계 최고의 저출산의 굴레에서 벗어나지 못하고 있는 것은 이러한 이유 때문이다.*

경쟁에 시달리며 바쁜 삶을 살아가고 있는 젊은 세대에게 어떻게 복음을 전하고 하나님나라를 경험하도록 도울 것인가? 그리고 경쟁에서 밀려난 이웃에게 교회는 어떻게 하나님나라의 풍성함을 선물할 것인가? 우선 그들을 이해하고 사랑하는 것이 중요하다. 이 세대가 교회를 섬기고 헌신할 여유가 없다는 것을 이해해주고, 그들의 아픔을 감싸주어야 한다. 그들의 상처를 치유하고 공감하려는 마음이 킹덤처치를 세워가는 데 중요한 준비가 된다.

둘째, 미래에 대한 불안을 느끼는 세대

이 시대 한국의 젊은이들은 미래에 대해 큰 불안을 느끼고 있다. 그들은 모이면 취업과 결혼이나 주거 문제를 화제로 삼는다. 그러나 아무 대책이 없는 현실에 대한 불안을 술을 마시는 것으로 해결하려 할 뿐이다. 특히 지금은 30대보다 20대에 대해 더 비관적인

---

* 유충현, "저출산=저성장 악순환의 덫 한국경제 발목 잡아", *이투데이*, 2014년 8월 28일자. 통계청의 조사에 따르면 2013년에 태어난 아이는 43만 6500명으로 전년도에 비해 9.9%나 감소했다. 인구 1000명당 출생아 수를 말하는 조출생률은 2013년도 8.6명을 기록해 1970년 관련 통계 작성이 시작된 이래 역대 최저치를 나타냈다. 또한 한국의 가임여성(15-49세)이 평생 낳을 것으로 예상하는 평균 출생아 수를 나타내는 합계출산율은 1,187명으로 OECD(경제협력개발기구) 34개국 가운데 10년 연속 최하위를 유지하고 있다.

전망이 쏟아진다. 20대는 이른바 88만원 세대다. 단 5% 정도만 안정된 직장을 가질 수 있고, 나머지는 앞으로 800만 명을 넘어서게 될 비정규직으로 전락할 수밖에 없다. 사회 불균형과 세대 갈등 속에서 정치적으로 자기 보호 능력이 없는 20대에게는 피해가 갈 수밖에 없다.* 여기에 더하여 사회의 고령화에 따라 지금의 젊은 세대에게 주어질 짐은 더 커질 것으로 예상된다. 젊은 세대가 느낄 미래에 대한 불안은 상상을 초월한다.

대한민국에서 개인이 사회에 진출하는 나이는 점점 늦어지고 있다. 결혼과 주거안정을 위한 비용은 상승했다. 임금은 별로 오르지 않는데 물가는 오르고 집값은 뛰었다. 1998년 IMF 이후부터 취업이 어려워졌고, 2008년 세계 경제 침체 이후로는 중산층으로 진입할 수 없는 사람들이 많아졌다. 연애, 결혼, 출산과 인간관계까지 포기하고, 아예 모든 소망을 잃어버린 N포세대라는 용어까지 등장했다.** 취업이 되었다 하더라도 오랫동안 취업을 준비하여 30대 초 중반에야 비로소 사회에 진출하는 이른바 '올드 루키'들이 흔하다*** 이들은 사회인으로서 출발이 늦고, 학자금 대출 등의 문제를 해결하지 못했기 때문에 취업을 하더라도 40세가 가까울 때까지 미래를 경제적으로 준비하기 어렵다. 취업에 성공한 이들 중 상당수도 비정규직이다. 한국의 비정규직 노동자 수가 600만 명이 넘

* 　우석훈 박권일, *88만원세대* (서울: 레디앙, 2007), 21-22.
** 　김현주, "불안정한 일자리, 치솟는 집값, 인맥까지 포기한 '사포세대'", *세계일보*, 2013년 12월 11일자.
*** 　박계현, "신입사원 평균 나이가 33세? 서글픈 '올드루키' 전성시대", 머니투데이, 2014년 12월 15일자.

어선 가운데 이들의 복지 수준은 오히려 퇴보하고 있다. 통계청이 2014년 발표한 '경제활동인구조사 근로형태별 부가 조사 결과'에 따르면 비정규직 노동자는 607만 7천 명으로 한 해 전보다 2.2% 증가했다.

유형별로는 시간제 노동자(1주 36시간 미만 일하는 노동자를 일컫는 말)가 203만 2천 명으로 1년 전에 비해 14만 8천 명(7.9%) 늘어 가장 큰 증가세를 보였다. 또 다른 비정규직 유형인 '한시적 노동자'(근로계약기간을 기준으로 한 기간제·비기간제 노동자를 일컫는 말)는 350만 8천 명으로 1년 전보다 7만 6천 명(2.2%) 늘었다. 파견 용역 일일 노동자 등 '비전형 노동자'는 211만 2천 명으로 10만 2천 명(-4.6%) 줄었다. 연령별로는 20-30대가 35.1%, 40대도 21.3%나 된다.*

미래를 준비해야 할 세대가 이처럼 고용이 불안한 상태에 있으며, 자주 이직을 해야 하고, 휴직 상태도 길어질 수밖에 없다는 분석이 나오게 된다. 그러니 현재 젊은 세대는 스스로 열심히 노력하면 중산층에 진입해 지금보다 나은 미래를 살아갈 수 있다는 소망을 갖기 어렵다. 이들은 기성 세대처럼 노후를 걱정하는 것이 아니다. 당장의 미래가 불안하고 내년의 주거부터 걱정스럽다. 이런 상황에서 결혼을 하고 자녀를 낳고 미래를 꿈꾼다는 것은 대단히 힘들다. 한국의 저출산 추세는 이런 상황이 만들어낸 결과다. 젊은 세대는 미래에 대한 꿈과 비전보다 당장 안정된 삶이면 족하다는 생

* 이병호, "'600만 비정규직 시대' 지난해 대비 정규직과 차별 확대", 민중의소리, 2014년 10월 28일자.

각을 갖게 될 수밖에 없다.

　사람은 불안이 지속되면 정상적인 삶을 살아가기 어렵다. 자신의 꿈을 실현하기보다는 단순히 안정된 고용 상태를 소망하는 삶이 익숙한 사람들을 교회가 어떻게 섬겨야 할 것인가? 그들에게 어떻게 하나님나라의 꿈과 비전을 줄 것인가? 먼저 교회가 그들의 상황을 공감하며, 그들의 미래를 돕는 사역을 준비해야 한다. 그들의 주거와 결혼과 출산을 돕는 사역까지 필요하다. 나아가 그들의 상황에서 미래에 꿈과 비전을 찾을 수 있도록 돌보는 새로운 방식의 말씀 사역이 요청된다. 현재 많은 젊은이들이 기성 세대를 위한 프로그램을 위해 헌신하다가 지쳐 교회를 떠나간다. 젊은 세대가 납득할 수 있는 복음 선포와 그들의 미래를 염려하는 복지 사역이 부족하다. 새로운 교회 운동은 이들의 불안을 해소할 방법을 고민해야 한다.

셋째, 사회에 대한 분노와 적대감이 폭발하는 세대

　SNS나 사람들의 대화를 들어보면 젊은 세대는 기성 세대와 기득권층에 대한 분노와 적대감을 가지고 있음을 알 수 있다. 그들은 이렇게 미래가 불안한 사회에서 살게 된 것이 기성 세대와 기득권층의 탐욕 때문이라고 생각한다. 한 언론은 땅과 집 등 부동산에 치중된 한국 사회가 빈부격차를 벌리며 세대를 갈라놓았다고 꼬집었다.* 젊은 세대는 재벌과 대기업, 기성 정치인과 관료들이 자신들의

---

* 　류순열, "한국은 부동산 공화국 세대갈등에 경제 발목", 《세계일보》, 2005년 1월 27일자.

기득권을 유지하기 위해 살기 힘든 사회를 만들었다고 생각한다. 반면 기성 세대는 젊은이에게 좋은 나라, 풍요로운 사회를 물려주었다고 생각한다. 한국의 보수적 기성 세대는 70-80년대의 경제 성장 시대를 자랑스럽게 생각하며, 사회에 대해 불평하는 젊은 세대가 정신력이 나약하고 주어진 것에 감사하지 못하는 것을 불쾌하게 여긴다. SNS를 통해 이러한 의견들은 사안마다 충돌하고 있다. 한국 사회 갈등의 가장 중요한 원인은 이렇게 전혀 다른 시각을 가지고 있는 세대 간의 갈등이다.*

어느 세대의 말이 사실인지는 중요하지 않다. 사실 정확히 누구의 말이 맞는지 분석하는 것이 가능한지도 의심스럽다. 중요한 것은 지금 젊은 세대들의 사회에 대한 분노와 적대감이 매우 크다는 사실이다. 더욱 심각한 것은 젊은 세대들의 생각 속에 지금의 교회가 재벌과 대기업, 기성 정치인과 관료들과 똑같은 이미지로 각인되어 있다는 점이다. 사회의 기득권층에 대한 반감이 반기독교적 환경을 조성하고 있는 것이다.

젊은 세대는 지금 기성 세대의 부정적인 모습이 교회에도 그대로 나타난다고 생각한다. 권위적이며, 기득권에 집착하며, 사회 정의에 무관심하며, 약자들에 비관용적인 모습이 교회에도 있다고 믿는다. 그래서 많은 젊은이들이 교회가 바뀌어야 한다고 생각한다. 새로운 교회 운동을 꿈꾸며 킹덤처치를 세우려는 사역자는 이런 부분에 대한 대안이 필요하다.

---

* 이용권, "세 집 건너 한 집 1년새 '가정갈등' 경험", 문화일보, 2015년 2월 2일자.

교회는 그들의 불신을 해소하기 위해 앞장서야 한다. 젊은 세대는 예수 그리스도나 기독교 신앙 자체보다 세상법과 교회법을 무시하는 목회자들, 사욕을 하나님 뜻으로 호도하는 종교지도자들, 자신과 생각이 다르면 적으로 몰아붙이는 행태 때문에 교회를 불신한다고 한다.* 교회를 개척하려는 목회자에게는 이런 불신을 해소하기 위해 다양한 헌신이 필요할 것이다. 복음 선포와 세상을 위한 다양한 사역의 전문성을 획득하는 것과 더불어 투명한 교회 운영과 성경적인 윤리적 삶을 실천하는 훈련이 요청된다.

어느 세대나 자신들이 살아온 시대에 따라 그 세대의 특징이 형성된다. 흔히 지금의 20대와 30대를 디지털 세대라고 부르지만, 한국에서 그들이 겪은 역사는 그들을 치열한 경쟁, 미래에 대한 불안, 사회에 대한 분노와 적대감에 익숙한 세대가 되게 만들었다. 그 세대의 역사를 이해하고 사역하는 것이 도시에서 하나님나라를 회복하는 새로운 교회 운동을 교회 개척 방식으로 삼은 사역자들에게 매우 중요하다. 교회는 20대와 30대를 품어야 한다. 새로운 교회 운동을 위해서는 복음을 고수하는 일만 빼놓고, 이 세대의 아픔을 품고 세대의 요구를 존중하는 다각도의 헌신이 필요하다.

---

* 강주화, "등 돌리는 이유 누가 기독교에 돌을 던지나", 국민일보, 2013년 10월 18일자.

11

도시의 문화를 분석하라

문화를 변혁하는 복음

3D프린터로 집을 짓고, 로봇에게 시민권과 세금을 부과해야 하는지에 대한 논의가 시작될 정도로, 놀라운 변화의 물결이 세상을 덮고 있는 시대에 교회의 복음이 어떤 의미를 가져야 하는가? 이것은 사회 변화의 속도가 급격히 빨라진 이 시대에 교회의 가장 중요한 고민이다. 킹덤처치는 단순히 내세를 위해 복음을 전하는 것이 아니라 하나님나라가 이 땅에 임하기 위해 힘쓴다. 이 세상 문화 속에서 킹덤처치는 복음 사역의 방향을 고민한다.

닐 콜은 복음의 핵심이 문화를 초월하는 동시에 문화를 내면에서부터 바꾼다고 말한다.* 교회는 문화를 대적하고 내세적인 복음을 전하는 것이 아니라, 문화 안에서 문화를 변혁하는 복음을 전해

---

* Neil Cole, 교회 3.0, 64.

야 한다. 문화 안에서 복음을 전한다는 것은 지금 세상의 지배적 문화에 대응하여 복음의 내용을 세분화하고, 세상의 지배적 문화의 사탄적 경향을 분석하고 새로운 방식의 실존을 제시하는 것이다. 하나님께서 이스라엘 백성에게 애굽과 가나안 사람들의 실존 방식에 대응하여 새로운 삶의 방식으로 율법을 제시한 것처럼, 우리는 이 시대 도시의 문화를 분석하고 나아가 문화를 변혁할 수 있는 실제적인 내용으로 복음을 전해야 한다. 교회는 이러한 책임을 가지고 문화를 연구해야 한다.

안영혁은 교회가 문화를 이야기하는 것이 신학적 풍성함을 줄 뿐 아니라 일반 은총에 관한 이론이 제 자리를 잡는 것이라고 말한다.[*] 성속의 이원론적 구분이 강하고 복음이 교회 안에 국한되는 현상이 강하게 나타나는 한국 교회의 특성을 고려한다면, 문화를 연구하는 것은 교회를 개척하는 입장에서 한국 교회의 한계를 극복하는 데 많은 도움을 줄 것이다.

명성훈은 이렇게 문화를 변혁시키는 복음을 통해 내세적 복음의 한계를 극복하고 간격을 메우는 작업으로 새로운 교회의 설립이 필요하다고 지적했다.[**] 따라서 교회를 개척할 때는 지역에 대한 연구와 더불어 문화적 연구도 이루어져야 한다. 특히 강남 같은 한국의 도시 중심가는 변화하는 문화를 가장 빨리 수용하는 젊은 세대가 모인 곳이므로, 도시의 문화를 분석하고 문화를 변혁하기

---

[*] 안영혁, 작은 교회가 더 교회답다 (서울: 겨자씨, 2001), 77.
[**] 명성훈, 교회 개척의 원리와 전략, 31.

위해 복음을 효과적으로 전하는 사역을 준비하는 것이 중요하다.

도시 젊은 세대의 4가지 문화 특징

첫째, 디지털 감성 문화

대도시에 사는 사람들은 디지털 감성 문화에 익숙하다. 아날로 그보다는 디지털이 편한 젊은 세대가 도시 지역에서 다수를 차지 하고 있으며, 그들의 문화가 대세를 이루고 있다. 이들은 글보다 영 상에 익숙하며, 생각하는 것보다 느끼는 것에 익숙하다. 의사소통 을 비롯한 모든 활동을 기계, 특히 주로 스마트폰으로 하는 것이 편 하다. 말로 설명하는 것보다 시각적인 콘텐츠를 통해 자신들의 의 견을 표현하고 받아들인다.

디지털 감성 문화를 소유한 젊은이들에 대해 다양한 평가가 있 지만, 주로 부정적 평가가 많다. 마크 바우어라인은 자신의 책《가 장 멍청한 세대》에서 젊은 세대에 대해 매우 비관적인 평가를 내린 다. 그는 디지털 세대를 의사문맹(글을 읽을 줄은 알지만 독서는 하지 않는 사람)이라고 규정한다. 그들은 업로드하고 다운로드하고 서핑 하고 채팅하고 포스팅하지만, 복잡한 글을 분석하지 못하고 사실 적인 정보를 기억하지도 못하고, 역사에서 교훈을 얻지 못하고 정 확한 철자법도 모른다고 꼬집는다.* 도시의 디지털 감성 문화에 대 한 부정적 평가에는 일리가 있다. 하지만 중요한 것은 앞으로 이러

---

*   Mark Bauerlein, 가장 멍청한 세대 5-13을 참고하라.

한 문화적 경향이 더욱 확산될 거라는 사실이다.

포스트모더니즘의 영향으로 거대담론에 대한 관심이 없으며, 어떤 지식이나 사상을 받아들이기 힘들어하는 도시 지역의 문화 속에서 어떻게 복음을 선포해야 하는지 교회는 고민해야 한다. 기독교는 온 인류에 대한 유일한 이야기로서의 절대 진리이며, 복음은 모든 인류에게 적용되는 하나의 거대담론이다. 하지만 도시의 문화는 절대적 진리를 거부하며, 각자의 논리와 생각을 따라 삶의 방식을 규정하고 그런 삶의 방식을 선택하려는 경향을 보이고 있다.

킹덤처치를 지향하는 복음 사역자들은 이 시대 사람들에게 왜 성경이 절대적인 진리인지 설득하는 다양한 방법을 모색하고, 성경을 통해 세상과 인간에 대한 바른 지식에 근거하여 삶의 방식을 규정하도록 도움을 줄 수 있어야 한다.

닐 콜은 이 시대의 포스트모던 문화가 무엇을 가치 있게 여기는지를 몇 가지로 정리했다. 그는 이 시대 사람들은 일보다는 관계, 탁월성보다는 진실성, 논리보다는 체험, 해답보다는 신비, 획일성보다는 다양성, 목적지보다는 여정을 중요시한다고 주장한다.* 이러한 문화에 익숙한 도시 사람들에게 복음을 전하는 방식은 이전과 다를 수밖에 없다. 특히 도시 교회는 어떤 일을 하고 있느냐보다 이웃과 어떤 관계를 맺고 있느냐에 관심을 가져야 한다. 탁월한 사역이나 큰 성과보다는 공감할 수 있는 진실성을 확보해야 한다. 성경의 논리를 설명하는 것도 중요하지만 감동적인 체험을 주

---

* Neil Cole, 교회 3.0, 66-89.

어야 한다.

지식이나 논리가 아니고 삶의 모습에 감동해야 신앙을 받아들이는 지역이 바로 지금 젊은 세대가 주를 이루는 도시다. 아무리 맞는 말을 해도 삶의 모습이 감동적이지 않으면 오히려 위선적이라고 적대시하는 것이 지금 도시 지역의 정서다.

도시의 젊은 세대는 자신들이 좋아하는 연예인이 기부하는 모습이나 교황의 소탈한 삶의 모습에 감동한다. 그들은 교회가 전하려고 하는 복음이나 거대담론으로서의 성경에 먼저 관심을 갖지 않는다. 그들은 종교가 전하는 메시지가 진리인지 아닌지 분별하는 것보다 종교인의 삶의 모습에 관심이 있다. 따라서 교회는 디지털 감성 문화에 익숙한 도시민에게 감동적인 모습으로 다가가야 한다.

교회의 모습에서 복음이 느껴지고 체험되는 것이 더 좋겠다. 이것이 하나님나라를 구현하는 킹덤처치의 자연스러운 모습이다. 하나님나라를 체험하며, 하나님나라의 삶의 방식으로 살아가면서 감동을 주고, 신앙에 관심을 가진 사람들이 교회에 오게 되었을 때 그들에게 복음의 내용을 자세히 양육하는 것이 더욱 효과적인 방법이기 때문이다. 이런 의미에서 교회에는 불신자가 늘 존재할 수 있어야 하고, 심지어 불신자가 존재하는 것이 교회의 목표가 되는 것이 좋겠다.* 그들이 교회에 존재하는 것은 교회 지도자와 성도들의 삶에 감동을 받으며 존중 받는 느낌이 있을 때 가능하다.

나아가 교회는 아직 기독교 신앙을 받아들이지 못하는 사람들에

---

* Timothy Keller, "다원주의 시대 속에 말씀선포", *목회와신학*, 2012년 12월호, 274-277.

게도 관대할 수 있어야 한다. '예수 천당 불신 지옥' 팻말은 과거에는 유효했을지 모르나, 그것은 기독교를 내세적이며 이원론적으로 설명하는 방식이었고, 삶의 모습보다 교리를 먼저 강요하는 방법이라는 면에서 이 시대에 맞지 않는 복음 전파 방식이다.

포스트모던 문화 속에 살고 있는 도시의 젊은 세대들은 자신들만 옳다는 주장은 무조건적으로 거부하려 한다. 그들에게 유일한 진리인 기독교 신앙을 전하기 위해서는 복음만이 진리라고 주장하는 것처럼 보이는 태도를 유보하고, 먼저 하나님나라의 복음이 교회의 구성원들에게 구현되는 감동적이고 아름다운 삶의 모습을 보여주어야 하는 것이다. 그러면 그들은 교회에 관심을 갖게 될 것이고, 교회가 전하는 복음을 들으려 할 것이다.

킹덤처치는 이단들에 대항하여 교회 안에 있는 성도들에게 분명하고 유일한 복음을 고수하되, 복음이 필요한 사람들에게 공동체적 삶을 통해 교회에 좋은 느낌을 갖도록 힘쓴다.

이런 의미에서 복음은 이 시대 디지털 감성 문화 속에서 공동체적으로 전해질 때 효과가 있다.* 디지털 감성 문화에 익숙한 도시민들에게는 공동체의 존재방식을 통해, 공동체 구성원의 삶의 모습을 통해 복음이 전해진다. 어떤 개인이 교리적으로 복음을 받아들이지 않은 또 다른 개인에게 논리적 설득으로 복음을 전하는 방식이 아니라, 여러 성도들의 삶 속에 복음을 받아들이지 않은 개인이 들어와 함께 대화하며 삶을 공유하는 방식으로 복음이 전해지

---

* Eddie Gibbs, 넥스트 처치, 302-303.

는 것이다.

닐 콜은 모더니즘 교회들이 믿음, 도덕적 생활, 친교 순으로 신앙 생활의 우선순위를 삼았다면, 이제는 친교가 우선순위의 맨 앞이고 그 다음이 도덕적 삶이며 마지막이 믿음이 됐다고 했다.*

킹덤처치는 이 시대의 젊은이들이 함께 사랑을 나누고 세상을 섬기는 땀과 수고를 통해 복음을 인식하도록 힘쓴다. 또한 일방적으로 성경 지식을 전하는 설교 중심의 주일 사역을, 설교뿐 아니라 복음적 삶이 녹아들도록 삶을 나누고 섬기는 주일 사역으로 전환한다.

우리 교회는 주일에 말씀과 찬양으로 풍성하게 예배를 드리지만, 동시에 삶을 충분히 나누는 교제를 하고 소외된 이웃을 찾아가 땀을 흘리고 봉사하며 이웃들의 삶에 공감하려고 애쓴다. 그러기 위해 주일에 회의나 기존의 전통적 주일 사역을 과감히 줄인 것이다. 그 결과 기독교에 전혀 관심이 없고 교회에 반감이 많았던 젊은이들이 봉사와 나눔에 동참하며, 교회에 대한 반감이 사라지고 성경적 교리를 받아들이며 세례도 받게 된 사례를 많이 경험하게 되었다.

둘째, 세분화된 취향을 즐기는 문화

한국 도시민들은 이제 각자 다양한 취향을 즐기는 문화 속에서 살아간다. 춤과 음악, 공연을 다양하게 즐긴다. 포스트모던 문화 속

* Neil Cole, 교회 3.0, 74.

에서 높아진 소득과 생활 수준으로 인해 도시 지역에서는 문화적 취향이 세분화된 것이다. 특이한 복장을 즐기고 타투(문신)를 하기도 한다. 이것은 어쩔 수 없는 거대한 흐름이다.

지금 한국 사회는 문화를 즐기는 매니아들이 세분화되고 있다. 분야마다 전문 방송국이 생겨난다. 각자의 관심사를 공유하기 위해 스스로 방송을 만들어내기도 한다. 아프리카TV, 팟캐스트, 유튜브 등 인터넷을 기반으로 하는 방송 콘텐츠들이 젊은층을 중심으로 쏟아져 나온다. 누군가 일방적으로 제시하는 문화 콘텐츠를 다수 대중이 받아들이는 브로드캐스팅(Broadcasting) 시대에서 문화 콘텐츠를 스스로 제작하고 공유하는 내로우캐스팅(Narrowcasting) 시대로 변화되고 있다.*

한 민족으로 이루어진 권위적 사회에서 공동체성을 중요하게 생각하고 살았던 한국 교회 성도들은 다름에 대해 잘 이해하지 못한다. 같은 것에 동질감을 느끼기보다 다른 것에 대한 적대감을 느끼는 데 더 익숙하다. 교회가 다양한 문화를 무조건 수용할 수는 없다. 하지만 교회가 세분화된 문화에 익숙한 세대들을 받아들이지 못하면 그들은 복음 자체에 대한 신뢰를 갖기 어렵다. 이것이 도시 지역에서 젊은 세대들이 교회를 떠나는 또 하나의 이유다. 앞으로는 새로운 문화적 취향을 소유한 사람들뿐 아니라, 탈북한 새터민이나, 결혼이나 취업을 위해 이주해온 이민자들이 도시 교회로 더 많이 유입될 것이다. 교회는 말 그대로 선교적 환경이 될 것이다.

* 김도훈, "미디어산업, 서비스 논리 추구해야", *연합신문*, 2014년 10월 28일자.

다름이 허용되는 선교적 환경이 필요하다.

킹덤처치는 하나님나라의 도래를 위해 명확한 성경적 기반 위에서 다양한 문화적 취향을 허용해야 한다. 본질적인 부분에서는 일치해야 하지만, 비본질적인 부분에서는 상호 존중하는 분위기가 필요하다. 예를 들어 '타투'는 구약성경에는 이방인의 우상 숭배와 관련되었기 때문에 금지되었고, 한국에서도 과거에 조폭과 관련되었기 때문에 금기시되었다. 하지만 단순히 패션이나 미용이나 취향으로 인정할 수 있게 된 타투를 더 이상 금지할 필요가 없다. 이 시대 문화 속에서 의미하는 바가 달라진 문화적 취향은 교회에서도 허용되는 것이 좋다. 물론 문화적 취향을 즐기려는 이들이 덕의 원칙을 고려하는 성숙함을 갖는다면 더 좋을 것이다.

때로는 비기독교적 문화를 즐기는 사람들도 여전히 교회 안에 존재할 수 있는 분위기를 만드는 것이 필요하다. 그들에게 복음 전파와 기독교 문화의 형성은 이후에 해도 늦지 않다. 이것이 다양한 취향을 즐기는 문화 속에서 살아가는 도시 지역 사람들에게 복음을 전하는 데 꼭 필요한 교회의 자세다.

교회는 시간이 지날수록 폐쇄적 경향을 보일 위험에 처한다. 김종환과 다니엘 산체스와 에비 스미스는 기존의 교회들이 10년 이상 지나면 복음이 없는 지역사회보다 교회 성장에 더 집중하는 경향이 있다고 말했다.* 일정한 문화가 자리를 잡으면, 그런 문화와 이질적인 것들을 밀어내려는 성향을 갖게 되기 때문이다.

---

* Sanchez and Smith and 김종환, *재생산하는 교회*, 15.

기독교적 문화는 교회가 추구하는 바이다. 하지만 기독교적 문화는 기독교적 문화를 받아들이지 않는 사람을 교회로 불러들이는 것을 막는 역할을 할 수도 있다는 것을 명심해야 한다. 마크 래버튼이 이야기한 '벽으로 둘러싸인 교회'가 될 수도 있다는 것이다.*

예수는 이 땅에 사는 동안 다양한 삶을 살던 사람들을 진리로 초청하셨다. 교회가 예수의 포용성을 잃어버리게 된다면 참으로 안타까운 일이다. 킹덤처치는 이 시대에 기독교적 문화를 만들어가면서도, 동시에 기독교적 문화를 살아가지 않는 세대들에게 포용적이어야 하는 '비둘기처럼 순결하지만 뱀처럼 지혜로워야 하는' 사명을 가지고 있다.

나는 대단히 보수적 사고를 가진 장로교 목사의 아들이었다. 개인적으로도 보수적 사고에 익숙하고 새로운 문화적 취향에 관심이 없는 편이다. 하지만 교회에서 술과 담배, 다양한 문화를 즐기는 사람들에 대해 관대한 태도로 그들을 포용하려고 노력한다. 그 결과 세상 문화를 즐기는 교회가 되어가는 것이 아니라, 세상 문화를 즐기는 사람들이 교회에 들어와서 서서히 기독교적 문화에 익숙해지고 하나가 되어가는 것을 경험한다.

셋째, SNS로 소통하는 문화

우리는 스마트폰이 모든 것을 바꿔놓은 시대에 살고 있다. 국내의 스마트폰 사용자는 이미 4000만 명을 넘어섰다고 한다. 한국

---

* Mark Labberton, 제일소명, 하보영 역 (서울: IVP, 2014), 41-42.

인구의 80% 정도가 스마트폰을 사용하고 있는 셈이다.* 이 시대 도시 지역에서는 직접 만나 대화를 하는 것보다 SNS를 통해 의사 소통을 하는 문화가 확산되고 있다. 사실 도시민들은 의사소통이 없는 개인으로 존재하는 것이 아니다. 더욱 다양한 채널로 24시간 의사소통을 하고 있다. 페이스북과 트위터 같은 경로를 통해 세상 과 소통하고, 밴드나 카카오톡 등으로 모임을 만들고 그 안에서 교 제를 나눈다.

이 시대의 킹덤처치는 소통의 방법과 복음적 콘텐츠의 전달 방 식을 다양화해서 성도들과 소통해야 한다. 상담과 대화의 채널을 현대화해서 젊은 세대들에게 복음을 전할 수 있다. 특히 SNS를 기 반으로 공동체를 형성한다. 교회의 기성 세대가 SNS를 통해 젊은 세대와 소통하면 세대 갈등을 줄일 수 있기 때문이다. 사람 사이, 세대 간의 갈등은 소통의 내용보다 방식에서 기인하는 경우가 많 다. 효과적인 복음 전파는 성경을 연구하는 것으로만 가능하지 않 다. 예수는 니고데모, 삭개오, 수가성의 여인에게 서로 다른 방식으 로 복음을 전했다. 자신을 찾아올 수 없는 많은 사람들에게 찾아가 서서 그들과 소통할 수 있는 방식과 언어로 소통하셨다. 현대 교회 도 SNS를 통해 성도들과 소통하면서 그들의 필요를 채운다면 다 양한 복음 사역이 가능할 것이다.

젊은이들은 SNS를 통해 마음을 표현한다. 직접 만날 때보다 SNS를 통해 더 진실하게 마음을 표현하는 경향이 있다. 따라서 시

---

* 정도일, "주간 통계 - '셀카'를 사랑하는 한국(1.11~17)", 동아일보, 2015년 1월 23일자.

간과 장소의 제약 없이 언제나 자신을 표현할 수 있다. 그들에게 복음을 전하기 위해서는 지도자들과 기성 세대가 젊은 세대에게 그들의 소통 방식을 통해 접근하는 것이 절대적으로 필요하다. 도시에서의 사역에는 더욱 그렇다. 물론 SNS를 사용한다고 해서 자동으로 소통이 되는 것은 아니다. 최근 한국에서는 젊은 세대뿐 아니라 기성 세대조차 박근혜 정부의 소통 부족에 대해 불만을 제기했다. 사실 그 정부의 리더십에 문제가 많았다. 정부의 소통 부족은 정부가 갑자기 소통을 하지 않았기 때문이라기보다, 국민이 요구하는 방식으로 소통하려는 노력이 부족했던 것을 근본 원인으로 지적할 수 있다.

교회는 훨씬 오래 전부터 사회와 젊은 세대와 소통하지 않는다는 문제를 제기 받아 왔다. 소통은 단순히 SNS를 사용함으로써 이뤄지지 않는다. 교회는 사회의 문제 제기에 귀를 기울여야 하고, 젊은 세대가 교회에 어떤 것을 요구하는지 들어야 한다. 이 사회와 젊은 세대는 교회가 앞으로 복음을 전해야 할 대상이기 때문이다. 교회는 이런 면에서 많이 뒤쳐져 있다. 우선 복음 사역자들의 의식 변화가 요청된다. 교회를 향한 사회의 목소리, 교회 기성 세대의 사고 변화를 요청하는 젊은 세대의 목소리에 공감하고, SNS를 포함한 다양한 방식으로 그들과 소통해야 한다.

스마트폰이 나온 지 불과 몇 년 밖에 되지 않았다. 앞으로 또 어떤 변화가 있을지 모르지만, 지금까지의 변화보다 엄청난 변화가 있을 것은 분명하다. 킹덤처치는 하나님나라를 구현하기 위해 어떤 변화에도 적응하며 복음 사역을 위한 다양한 채널을 만들 것이다. 교회는 SNS를 통해 복음을 전하려는 목적보다 도시의 젊은 세대와 솔직하게 대화하고 소통하는 일에 힘쓰는 것이 좋다. 그것이 그들의 삶에 복음을 심는 데 더 유용할 것이다.

나는 개척 초기에는 모든 성도들을 소그룹에 참여케 하여 주일에 삶을 나누며 서로 소통하도록 했다. 모든 성도들을 네이버 밴드로 묶어 기도제목을 공유하고, 생일을 축하하고, 새가족을 소개하고, 교회의 프로그램을 소개했다. 또한 다양한 교회의 모임별로 인터넷 커뮤니티를 만들어 소통을 활성화하고 있다. 성도들과 다양한 채널로 대화하며, 그들의 의견을 교회의 목회방향에 맞추어 수용하려 힘쓰는 것이다. 회의를 가급적 줄이고, 인터넷으로 단체 채팅을 하여 의견을 수렴하고 있다. 그 결과 교회의 예배와 소그룹 사역, 봉사와 전도 같은 프로그램과 교회 공간 사용에도 많은 변화가 있었다. 그 결과 우리 교회는 성도들의 세대간 갈등이 거의 없다. 성도들은 소통을 경험하며, 복음을 깨닫는 일에 더욱 최선을 다하고 있다.

넷째, 주 5일 근무하는 문화

불금(불타는 금요일)이라는 말이 유행이다. 주 5일제가 시행된 후 도시 지역 직장인에게는 금요일 밤부터 시작되는 주말이 달콤하고 행복하며 기다려지는 시간이라고 한다.*

---

* 민성기, "'불금' 연인과 함께 커플 요가를", 헤럴드경제, 2015년 2월 9일자.

한국은 노동시간이 길다.* 젊은 세대는 매우 힘들고 고달픈 한 주를 보낸다. 그 때문에 자유롭게 즐길 수 있는 금요일 밤 이후를 더 기대한다. 금요일 밤부터 주말 동안 도시의 많은 사람들, 특히 젊은 세대와 어린 자녀를 둔 가족들 사이에 다양한 활동을 즐기려는 문화가 확산되고 있다. 여행을 가는 사람도 많다.

도시 지역에서 교회를 다니는 비교적 젊은 세대의 성도들에게는 어떤 변화가 일어났는가? 일주일에 6일 일하고 하루는 교회 나오는 전통적 방식의 신앙생활과 삶의 패턴이 깨졌다. 5일 일하고 2일을 쉬는 삶의 패턴이 자리 잡았기 때문이다.

교회는 주 5일 근무 시대에 주말을 통해 다양한 활동을 즐기려는 도시 지역 사람들을 어떻게 전도하고, 그들이 어떻게 신앙생활을 하도록 할지 고민하고 있다. 몇몇 교회들은 금요일부터 토요일과 주일까지 다양한 시간대에 예배를 신설하기도 하고, 아무 때나 한 번씩 교회에 나와 예배를 드리도록 성도의 필요에 따라 대처하기도 했다. 몇몇 대형 교회를 중심으로 금요일 밤, 토요일, 주일 밤 예배 등이 오래 전부터 신설되었다고 한다. 주말을 즐기고 여행을 가되 한 번은 예배를 드리도록 하려는 것이다.

반면 많은 교회들은 성도들이 주말에 여행 등으로 교회를 빠지지 않게 하려고 주일성수 개념을 더욱 강화시켰다. 전통적 방식의 주일성수 강화 방안으로 주로 주일 오후에 진행되는 주일의 두 번째 예배(보통 찬양예배 내지는 오후예배라 부르는 예배)를 다시 주일

---

* 　박상돈, "한국인 근로시간 연간 2천163시간 OECD 2위", 연합뉴스, 2014년 8월 25일자.

저녁에 시작해야 한다고 주장하기까지 했다.*

내 주위의 많은 교회 지도자들은 주일예배를 드리지 않고 금요일부터 주일까지 2박 3일의 시간을 즐기려는 성도들이 많아질까봐 노심초사하고 있다. 실제로 우려하던 일이 나타나고 있다. 한국교회의 전통 중 하나인 금요철야기도회에 참석하는 성도들이 줄어들고, 적지 않은 교회가 금요일 기도 집회를 폐지하고 있다. 여행 등으로 주일에 빠지는 젊은 성도도 많아졌다. 성도들에게 강하게 주일예배를 권면하지만 점점 어려워지고 있는 상황이다. 교회는 소극적으로 예배를 위해 여행을 가지 않는 성도를 만들려고 노력하기보다 사회의 변화에 적극적으로 대처해야 한다.

신학적으로 주말과 안식의 형태가 달라진 현실을 어떻게 이해해야 하는가를 떠나, 5일 동안 일하고 2일 동안 쉬는 것은 이미 현실이 됐다. "엿새 동안은 힘써 일하고 제 칠일에는 안식하라"는 명령을 문자 그대로 지키는 것은 이미 시대착오적인 것이 되었다. 토요일까지 나가서 일하라고 할 수는 없다. 성도들은 2일 동안 쉰다. 2일을 쉬게 되었다는 것은 위기가 아니고 기회이다. 신앙교육의 목적은 주일예배에 참석시키는 것만이 아니다. 서로 삶을 나누고, 힘을 모아 봉사하고 섬기는 하나님나라의 삶을 누리는 것이다. 킹덤

---

* 강민석, "'저녁예배 되살려야 온전한 주일성수' 예장합동 심포지엄", 국민일보, 2014년 10월 28일자. 대한예수교장로회 합동(총회장 백남선 목사)은 27일 서울 강남구 영동대로 총회회관에서 '즐거운 주일성수 복된 신앙생활'을 주제로 심포지엄을 열고 "상당수 교회에서 없앴던 주일 저녁예배를 되살려 주일이 크리스천 생활문화의 중심이 돼야 한다"고 강조했다. 박용규 총신대 신대원 교수는 "목회자들이 성경 기준에 따르지 않고 편의를 추구해왔다"며 "이제라도 한국 교회는 주일 오전 성경 공부, 대예배, 저녁예배를 엄격하게 지키고 청교도주의적으로 주일성수하는 자세로 돌아가야 한다"고 주장했다.

킹덤처치

처치는 주일예배에 참석하게 하는 것에 초점을 맞추기보다 변화된 환경에 맞는 다양한 영성프로그램을 개발해 성도들이 토요일과 주일을 이용하여 예배를 넘어선 진정한 복음적 삶을 살아가도록 도와야 할 것이다.

교회는 주말을 이용해 가족들이 함께 기도할 수 있도록 토요기도회를 진행할 수 있다. 아이들과 가족들을 위한 토요 프로그램을 실시할 수도 있다. 토요일과 주일을 통해 성도들이 말씀을 공부하고 다양한 공동체의 교제를 누리고, 함께 섬기고 봉사하는 삶을 공유함으로 복음에 충실한 삶을 훈련할 수 있다. 토요일에서 주일까지 기독교 신앙을 훈련하고, 기독교적 문화를 공유하기 위해 다양한 기회를 제시한다면, 성도들은 주일예배를 삶의 중심으로 삼는 율법적 신앙에서, 복음적 삶이 훈련된 하나님나라 백성으로 성장하게 될 것이다.

교회는 성도들의 의견을 수렴하고, 성도들이 의욕을 가지고 참여할 수 있는 좋은 프로그램을 만들어야 한다. 어떤 교회는 토요일 오후 시간에 부모와 아이가 함께 성경 말씀을 읽고 대화할 수 있는 프로그램을 진행해서 가족 안에 신앙적 소통이 일어나도록 돕는다.* 토요일에 부모와 자녀가 대화할 수 있도록 가정을 위한 영성 프로그램을 제시한 것이다. 우리 교회는 토요일 이른 저녁에 기도회를 진행하여, 일주일 동안 개인적으로 기도하고 말씀을 묵상할 수 없었던 성도들에게 주일예배와 다른 영적 성찰의 시간을 제공

---

* 곽성덕, "말씀 중심으로 믿음의 가정들을 세운다", 월간목회, 2014년 8월호, 88.

한다. 또한 다양한 공동체적 교제모임을 진행하고, 정기적으로 독거노인들을 위한 섬김의 프로그램을 제공하여 성도들이 이웃과 소통하게 한다.

교회가 이렇게 토요일까지 프로그램을 진행하면 성도들이 지치지 않느냐고 반문하는 사람이 있을 것이다. 하지만 그것은 어디까지나 참여하는 성도들의 마음에 달려 있다. 성도들이 자발적으로 원해서 참여하는 신앙 프로그램을 개발한다면 토요일과 주일은 교회와 성도들 모두에게 큰 기회가 된다.

변화를 수용하는 탈권위적 리더십

닐 콜은 교회를 타이타닉호에 비유하면서, 모더니즘 가치관을 받아들여 달려가던 교회가 변화된 세상에서 큰 빙산에 부딪혔다고 지적한다.* 앞으로 사회의 변화는 더욱 가속화될 것이다. 교회는 변화하는 세상에 대처하면서도 변함없는 복음을 제시해야 한다. 이것은 그리 쉬운 작업은 아니다. 새로운 시대에는 새로운 교회 운동이 필요하며, 새로운 교회 운동은 시대에 맞는 새로운 리더십을 요청한다. 킹덤처치는 탈권위 시대에 말씀과 삶으로 진정한 권위를 획득하여 지속적으로 하나님나라 복음 사역이 가능하도록 훈련된 탈권위적 리더십이 필요하다.

킹덤처치는 1990년대 이후 새로운 과제 앞에 직면해 있다. 1998년 IMF 외환위기 이후에 취업했던 지금의 30대, 나아가

---

*   Neil Cole, 교회 3.0, 88-89.

2008년 미국발 경제위기 이후에 취업했던 지금의 20대를 바라보며, 어떻게 건강한 교회를 개척하여 새로운 교회 운동을 할 수 있을지 고민한다. 앞으로 그 이후의 세대를 위해서도 계속 고민할 것이다.

킹덤처치는 이 시대의 변화를 수용하고 복음적 삶으로 감동을 주는 교회를 모색한다. 또한 다양한 문화적 취향과 고민을 수용하는 분위기를 만들 것이다. SNS를 통해 새로운 세대들과 적극적으로 소통하는 문화를 정착시킬 방안을 찾게 될 것이다. 정착된 주 5일제에 맞는 주말 사역을 개발하며, 신뢰의 회복을 통해 개인주의적 삶의 방식에 익숙해 있는 세대에게 공동체가 될 것이다. 이 모든 것이 가능하기 위해서는 변화를 수용하는 탈권위적 리더십이 필수적이다. 교회의 지도자들이 먼저 자신을 변화에 노출시키고, 사회를 연구하며 새로운 복음 사역 방식을 훈련해야 한다.

빌 이섬은 역기능적 시스템의 수렁에서 벗어나고 죽음의 곡선에서 기어 올라오려 하는 교회들은 현재 하고 있는 것과 다른 방식으로 느끼고 사고하고 행동하는 법을 배워야 한다고 말한다.* 이 시대가 탈권위의 시대라는 것은 거스를 수 없는 흐름이다. 한국은 80년대 민주화 항쟁 이후 지난 30년 간 유교적 권위주의 사회에서 탈권위주의 사회로 급격한 변화를 겪었다. 권위주의는 한국 교회 성장기에 성경의 권위와 목회자의 권위를 높여 복음을 담기에 좋은 그

---

* Bill Easum, Leadership on the Other Side: No Rules, Just Clues (Nashville:Abingdon, 2000), 39. Micheal Frost and Alan Hirsch, *새로운 교회가 온다* 339에서 재인용.

룻이었으나, 이제는 가장 복음을 담기 힘든 그릇이 되고 말았다. 권위를 내세우면 거부감을 일으키는 이 세대의 특성을 고려하여 킹덤처치는 새 부대의 리더십을 요청한다. 민주적 의사결정, 교회 재정의 공개 등은 신학적인 논쟁 요소가 아니다. 필연적으로 수용해야 할 탈권위화의 과정이다.

탈권위적 리더십은 지위나 나이와 같은 당위적인 요소로 권위를 요구하지 않는 것이다. 내가 목사이니까 존경받아야 한다든지, 아버지이니까, 나이가 많으니까 권위가 존중되어야 한다는 식의 생각은 이 사회에서 더 이상 받아들여지기 어렵다. 인격적인 동등함을 요청하는 새 세대에게는 탈권위적 리더십이 인정받는다.

존 맥스웰은 리더십의 5단계를 제시했다. 1단계는 지위, 2단계는 관계, 3단계는 성과, 4단계는 인물개발, 5단계는 인격이다. 높은 단계로 갈수록 영향력 있는 리더십을 가질 수 있다.* 이제 새로운 세대는 지위가 높고 관계가 좋다고 해서 리더십을 느끼지 않는다. 이 시대 젊은이는 20대라도 성공하고 존경할 만한 부분이 있는 사람에게 대단한 권위를 느낀다. 나이가 많다고, 지위가 높다고 해서 반드시 권위를 느끼지 않는 것이다. 얼마나 성취를 이루고, 얼마나 다른 사람들을 개발해주고, 말씀을 실천하는 높은 인격을 소유했는지로 리더십을 평가한다.

---

*   John Maxwell, *리더십 101*, 김정희 역 (서울: 시그마프레스, 2011), 57-70.

새로운 사명을 위한 새로운 리더십

킹덤처치의 탈권위적 복음 사역자는 무조건 진리를 외치고 따라오라고 강요하기보다 사회에 기여함으로 복음의 진리를 실제적으로 보여준다. 킹덤처치는 사회에서 힘겹게 살아가는 사람들에게 더 나은 삶을 위한 디딤돌이 된다. 킹덤처치는 탁월한 도덕성으로 사회의 존경을 이끌어낸다. 이 시대 젊은이는 킹덤처치의 권위를 인정하게 될 것이며, 교회가 전하는 복음의 메시지에 귀를 기울이게 될 것이다.

경기도 화성에 있는 예수향남교회(정갑신 담임목사)는 종종 전교인이 모여 교회의 방향을 토론하고 기도하는 '비전기도회'를 실시한다. 이 자리에서 최소 1년의 목회 계획을 모든 성도들의 토론을 통해 이끌어내는 것이다.* 이를 통해 성도들은 교회에 대해 주인의식을 가지고 목회자의 사역에 동역한다는 인식을 가지게 된다. 이러한 탈권위적 리더십으로 교회는 크게 부흥했고, 지역사회를 바꾸는 교회의 사명을 잘 감당하고 있다.

이 시대 진정한 권위는 이러한 탈권위적 리더십에서 나온다. 특히 킹덤처치를 개척하기 위한 리더의 과제는 한국의 유교문화에서 비롯된 권위주의적 요소들을 제거하는 것이다. 새로운 시대가 받아들이지 않기 때문이다. 한 영혼 한 영혼을 존중하는 탈권위적 리더십을 통해서만 도시 지역의 변화되는 문화를 적극적으로 포용할수 있으며, 그들의 문화적 정황 속에서 복음을 전할 수 있다.

---

* 정갑신, "목회비전, 나는 이렇게 세웠다", 목회*와신학*, 2013년 12월호, 51.

마이클 프로스트와 앨런 허쉬는 새로운 교회를 위해 가장 중요한 것은 리더십이라고 강조하면서, 리더십에 초점을 다시 맞추는 일은 교회의 갱신과 성장에 너무나도 본질적인 것이라고 했다.* 새롭게 개척된 교회에는 새로운 사명이 있다. 새로운 사명은 새로운 시대에 필요한 리더십을 요구한다. 이것은 목회자 자신의 변화를 위한 치열한 자기 고민을 통해 얻어질 수 있다.

---

* 　Micheal Frost and Alan Hirsch, *새로운 교회가 온다* 299-300.

4부
___

킹덤처치를
구현하는
양육과 훈련

12

킹덤처치의 양육과 훈련 프로그램

공짜는 없다

지금까지 새로운 교회 운동을 위해 킹덤처치란 무엇이며, 그런 교회를 개척하기 위한 목회자의 준비와 고려해야 할 다양한 사항들에 대해 살펴보았다. 중요한 것은, 이 모든 것을 고려하여 하나님나라를 구현하는 킹덤처치를 세우기 위해 공동체 지체들을 양육하고 훈련하는 프로그램을 준비하는 것이다. 공짜는 없다. 목회자도 준비되어야 하지만, 하나님나라 복음을 깨닫고 누리며 전파하는 성도를 양육하는 것이 더 중요하다. 그냥 준비된 목회자나 준비된 공동체는 없다. 양육과 훈련을 통해 만들어져가는 것이다.

빌 하이벨스는 성경에서 제시한 대로 우리가 제 기능을 다하는 교회 공동체가 되고, 모든 잠재력을 십분 발휘하기 위해서는 평신도를 훈련해야 한다고 말한다.* 많은 목회자들이 교회 건물을 준비하고 예배를 드리면 교회가 세워질 것이라 쉽게 생각한다. 그렇지 않다. 도시에 거주하는 다양한 사람들을 공동체로 인도하고, 그들에게 기독교 신앙을 가르치고, 하나님나라 복음을 누리며 확장하는 성도로 성장시키기 위해서는 양육을 위한 프로그램을 먼저 준비해야 한다.

여기에서는 기독교 신앙 양육 프로그램, 성경 전체를 포괄적으로 제시하는 성경 양육 프로그램, 실제적 양육 프로그램, 실천적 훈련 프로그램 등 네 가지로 나눠 소개하려 한다.

세 가지 양육 프로그램

작은 공동체로서 미국 사회 전역을 섬기는 세이비어교회의 힘은 '섬김의 리더십 학교'(Servant Leadership School)라는 프로그램에서 나온다. 이 학교는 이 시대가 필요로 하는 섬기는 리더를 훈련시켜 세우는 것을 목적으로 한다.** 세이비어교회는 이 과정을 통해 교회의 목회 철학을 공유하며, 하나님나라를 위한 사역의 동역자를 길러내고 있다.

새로운 교회 운동을 위한 킹덤처치는 인간의 종교적 본성을 자극하여 이기적인 종교인을 만들어내는 데에서 벗어나, 하나님을 경외하며 그 말씀을 따라 실천하는 진정한 기독교인을 길러내는

---

*   Bill Hybels, 섬김의 혁명, 서원희 역 (서울: 두란노, 2004), 16-17.

**   유성준, 미국을 움직이는 작은 공동체 세이비어교회 (서울: 평단, 2005), 72-75.

일에 헌신한다. 십계명 중 1,2계명은 자신의 욕망을 형상화하여 우상을 만들고 그 우상을 통해 자신의 탐욕을 추구하는 가나안 종교를 버리고, 세상의 창조주요 통치자이자 심판자요 구원자이신 여호와 하나님을 유일한 신으로 믿고, 그 말씀을 따라 통치에 순종하는 신앙을 가르친다. "나 외에 다른 신을 두지 말라"는 여호와 하나님의 명령은 "형상을 만들지 말라"는 명령과 더불어 주어짐으로 단순히 다른 신들을 섬기지 말라는 명령이 아니라, 자신들이 만들어 낸 우상을 통해 자신의 욕망을 이뤄내려는 종교의 시스템을 근본적으로 거부하라는 명령이다.

첫째, 기독교 신앙 교육 : 기독교 세계관

킹덤처치는 명확한 사고로써, 예수 그리스도를 통해 이 땅에 하나님나라를 성취하는 기독교 신앙의 본질을 훈련한다. 기독교 신앙은 하나님의 통치를 거부하고 저주 가운데 살아가는 인류와 세상을 구원하시기 위해 세상에 보내신 하나님의 아들 메시야 예수를 통해 여호와 하나님의 통치에 순종하여 온 세상의 회복을 성취하시는 하나님나라의 복음을 가르치는 신앙이다. 이 기독교 신앙의 본질이 양육되지 않는 교회는 종교적 본성을 자극하는 프로그램으로 가득하게 된다. 결국 교회라는 이름은 가졌지만, 기독교 신앙과는 거리가 있는 조직이 되고 만다.

아무리 많은 사람이 모여도 성경적인 복음의 내용이 공유되지 않으면 교회의 사명을 감당할 수 없다. 사람들의 종교심을 따라 모이는 교회는 이방인들의 종교단체가 되고 만다. 교회는 '진리의 기둥과 터'다. 교회가 진리의 기둥과 터가 되려면 성경 전체를 통해 제시되는 하나님나라의 개념을 통해 복음의 내용을 정확히 가르쳐 우상 숭배로 가득한 세상에서 기독교적 세계관으로 살아갈 수 있도록 성도를 양육할 필요가 있다.

모세는 창조와 타락의 인류 역사와 여호와 하나님이 주신 계명을 통해 이스라엘 백성에게 진정한 하나님나라의 세계관을 양육한다. 모세는 애굽과 가나안 백성의 우상 숭배와 그 결과로 사회 저변에 깔려 있는 타락한 세계관과 인간관과 구원관으로부터 이스라엘 백성을 구별해낸다. 율법은 여호와 하나님의 계명과 그 계명에 드러나 있는 새로운 세계관을 통해 이스라엘 백성이 하나님의 복을 누리며 살아갈 수 있도록 인도한다. 나아가 온 세상에 하나님의 복음을 전할 수 있는 길을 제시한다.

유경상은 회개와 변화를 위한 뜨거운 집회를 연다고 해서 변화가 일어나는 것이 아니라, 변화를 기대하면서 기존의 사고방식과 삶의 방식을 바꿔야 진정한 변화가 일어난다고 말한다.* 복음으로 양육하면서 특별히 성경적으로 사고하는 세계관을 훈련하며 공동체의 방향과 목회 철학이 공유된다면 강력한 사역공동체가 될 수 있을 것이다.

나의 경험으로 볼 때 주일예배를 통해서는 이런 양육이 충분히 이루어지기 어렵다. 예배는 체계적으로 교리를 설명하거나 세계

* 유경상, *크리스천 씽킹* (서울: 카리스, 2011), 10-11.

관을 가르치고 삶의 고민을 다루는 시간이 아니기 때문이다. 이 시대 교회는 세계관적으로 기독교 신앙을 가르칠 준비를 해야 한다.

중세 가톨릭교회는 성상이나 성화나 예전을 통해 신앙을 가르쳤다. 종교개혁 이후 개신교회는 말씀을 강론하며 신앙을 가르쳤다. 킹덤처치는 예전이나 말씀을 통해 기독교 신앙을 가르치되 세계관의 변화에 초점을 맞추는 것이 필요하다. 왜냐하면 사회가 다양한 영역으로 분화되고 있고, 세속적 세계관이 삶의 모든 영역을 지배하고 있기 때문이다.

복음으로 우리 안에 있는 세속적 세계관을 드러내면, 혹은 복음적 세계관을 훈련하면 좀 더 분명히 기독교 신앙을 가르칠 수 있다고 나는 믿는다. 한국과 같이 오랫동안 유교적이며 샤머니즘적인 세계관이 지배했던 사회에서는 예수를 믿으라고만 강조할 것이 아니라, 기독교 신앙이 무엇인지에 대해 기독교적 세계관을 바탕으로 명확한 이해를 돕는 양육이 필수적이기 때문이다.

나는 기독교 신앙이 왜 진리인가에서 시작하여 기독교 신앙이 무엇이며 기독교인은 어떻게 살아야 하는가를 다루고, 기독교 신앙의 기초인 성경에서 기본적으로 믿어야 할 뼈대를 간추려 정리한《하나님나라 제자훈련》이라는 교재를 만들어 개척 후에 성도들을 순차적으로 양육했다. 개척 초기에 예배와 소그룹만으로 목회하다가, 개척 멤버에게도 기독교 신앙이 무엇인지, 복음이란 무엇이며 기독교인은 어떻게 살아야 하는지에 대해 목회 철학이 공유되지 않는다는 것을 깨닫고 이 프로그램을 시작하게 되었다. 이 프로그램을 통해 기독교 신앙이 무엇인지 명확히 이해하고, 나의 목회 철학을 공유함으로써 교회가 하나되는 데 유익을 얻었다.

우리 교회에서는 이 프로그램을 거치지 않으면 리더십을 가질 수 없다. 성도들은 이 프로그램을 통해 양육 받았고, 종교와 기독교 신앙을 구별하게 되었다. 우리 교회가 지향하는 새로운 교회 운동에 대해 이해하고 동참하게 된 것이다.

둘째, 성경 교육 : 성경적 복음 이해

기독교인이라면 누구나 성경을 알고 싶어한다. 성경이 기독교 신앙의 근원이기 때문이다. 따라서 모든 목회자는 성경 교육을 위한 준비가 되어 있어야 한다. 홍정길은 교회를 개척할 목회자의 기본적 자질 중 하나를 하나님 말씀을 전하는 능력이라고 말하면서, 그 중에서도 성도들을 하나님의 말씀으로 양육하는 프로그램을 개발해야 한다고 강조한다.* 성경을 교육하는 방식은 다양하다. 본문 중심 성경 공부, 성경 개관 성경 공부, 성경 통독, 그리고 다양한 성경 강좌를 통해 성경을 교육할 수 있다. 중요한 것은 성경 전체를 포괄적이면서도 쉽게 가르치는 것이다.

한국 교회 성도들은 성경을 편식한다. 성경의 요절을 몇 개는 외우지만 성경 전체가 어떤 내용인지는 잘 모른다. 요셉이나 다니엘 같은 인물들의 이야기를 부분적으로 편식하고, 좋아하는 성경 구절을 암송하거나 교리를 설명하기 위한 근거 구절들을 확인하는

---

* 목회와신학 편집부, 교회 개척, 107.

방식으로 성경을 배웠다. 예수님의 십자가를 배울 때에도 구약에서 예수님의 죽음을 암시하는 구절들을 몇 군데 살펴보는 방식이다. 따라서 성경 전체가 어떤 내용이며, 성경이 하나의 거대한 이야기로서 제시하는 복음의 내용을 잘 모르는 경우가 많다. 따라서 무늬만 기독교이거나 성경만 다루는 프로그램이면 이단인지 아닌지도 구별하지 못하는 경우가 많다. 또한 자신의 소망을 이루기 위한 믿음을 쌓는 방식으로 성경을 읽는 경우가 허다하다. 따라서 포괄적 성경 양육 프로그램이 필수적이다.

새로운 교회 운동은 성경을 새롭게 보는 운동이다. 종교개혁이 그랬다. 종교개혁은 성경을 중세 말기 가톨릭교회의 방식으로 보는 것을 거부하고, 성경을 새롭게 보는 것에서 시작되었다. 사제의 권위에 맞추어 교회의 전통을 따라 읽던 성경을 새롭게 읽는 운동이 종교개혁이었다. 킹덤처치의 복음 사역자들은 하나의 거대한 이야기인 성경을 그 자체로 포괄적으로 가르치는 사역을 연구한다.

성경 양육 프로그램을 통해 교회는 큰 유익을 얻는다. 우선 성경 말씀이 성도들의 세계관을 구성한다. 내세적이고 이원론적인 신앙이 깨지고, 복음에 충실한 총체적 신앙을 배운다. 포괄적으로 성경을 양육받은 성도들은 예배 중에 설교를 더 잘 이해할 수 있게 된다. 나아가 성경을 포괄적으로 이해하고 복음을 이해한 성도는 교회의 다양한 공동체에서 다른 성도들과 성경 말씀으로 교제를 나누고, 서로에게 적절한 조언을 해줄 수도 있다. 그러므로 목회자는 훌륭한 성경 교사여야 한다. 자신만의 성경 교수법을 개발한다면 그것이야말로 목회에 더없이 좋은 성령의 무기를 갖고 있는 것이다.

나는 성경을 포괄적인 하나의 이야기로 제시하려 힘썼다. 나의 관심은 성경 전체를 한 눈에 이해할 수 있게 하고, 성경 전체를 통해 복음을 가르칠 수 있는 방법론에 있었다. 오랫동안 나름의 방법을 찾은 결과 나는 하나님나라의 개념을 통해 구약부터 모든 성경을 포괄적으로 가르치고, 통독을 병행하는 방식으로 성경을 가르쳤다.* 《하나님나라 관점으로 구약관통》과 《하나님나라 관점으로 신약관통》이라는 교재를 통해 1년에 한 번씩 성경 전체를 포괄적으로 가르친다. 이 프로그램을 통해 성도들이 복음을 더 구체적으로 이해하고 하나님나라를 위해 살아가는 성도로 변화되고 있다. 성경을 교육하니 성도들이 설교를 더 잘 이해하게 되고 성경을 통독할 마음도 생겼다고 고백한다. 성경 전체를 하나의 이야기로 제시할 때 복음에 대한 이해가 깊어지며, 세계관의 변화가 나타나는 것을 또한 경험하게 되었다.

셋째, 생활 교육 : 실제적 적용

기독교 신앙 교육과 포괄적 성경 교육 프로그램은 필수적이다. 기독교 신앙이 무엇인지, 그리고 기독교 신앙의 유일한 근거인 성

---

* 저자의 성경 교육에 대해서는 저자의 저서 *하나님나라 관점으로 구약관통* (서울: 넥서스CROSS, 2014)과 *하나님나라 관점으로 신약관통* (서울: 넥서스CROSS, 2014), 세상의빛교회 홈페이지(www.fnlchurch.org)를 참고하라.

경이 어떤 내용인지 공부한 성도들은 복음을 깊이 이해하게 되며, 하나님의 백성으로서 삶의 분명한 목적과 정체성을 얻는다. 여기에 목회자의 달란트에 따라 성도들의 신앙적인 생활을 돕는 다양한 실제적 교육을 준비하면 좋을 것이다. 생활 교육 프로그램이란 기독교 신앙과 성경에 대한 양육을 바탕으로 삶의 실제적인 부분, 즉 가정이나 직장, 사회의 구성원으로서 이해해야 할 다양한 주제에 대해 성경 말씀을 이해하고 실천하며 살도록 돕는 것이다.

하나님의 통치를 벗어나 복음과 상관없이 살아왔던 성도들은 삶의 다양한 측면에서 많은 문제를 가지고 살다가 교회에 온다. 따라서 믿음을 고백한 후에는 복음적 삶으로의 회복이 필요하다. 개인의 성품, 가정, 직장, 사회의 다양한 문제에 대해 성경적 회복이 필요한 것이다. 과거에 상처가 많았던 성도들을 위해 성경적 치유를 위한 양육을 하는 것도 필요하다.

목회자의 달란트에 따라 개인적인 상담을 겸한 일대일 양육을 통해 초신자를 양육하는 것도 필요하다. 리더십이나 부부관계를 위한 양육도 필요에 따라 실시한다면 큰 유익을 얻을 수 있다. 성경 본문 강의, 전도를 비롯한 다양한 주제 강의, 나아가 직장인과 경영인을 위한 강의를 통한 실제적 양육도 할 수 있다. 목회자가 개인적으로 연구하기 힘든 부분이라면 주위의 전문가에게 도움을 얻으면 된다. 이런 양육을 통해 성도들은 삶의 실제적인 부분을 회복하는 데 도움을 얻고, 말씀에 대한 구체적인 적용과 하나님의 부르심을 깨달을 수 있다.

나는 일대일 양육을 통해 개척 초기에 성도들과 만나는 시간을 가졌다. 성도들의 삶에 대해 이해하고, 그들에게 어떤 목회적 도움을 줄 수 있을지에 대한 조망을 얻는 좋은 시간이었다. 또한 리더십을 위한 8주간의 프로그램, 부부를 위한 8주간의 프로그램을 만들어 실행했다. 주로 젊은 부부들과 직장인이 많았던 교회의 상황을 고려한 시도였다.* 기독교 신앙과 성경을 양육하는 것을 기반으로 하여 이러한 실제적 양육 프로그램을 시행함으로 성도들의 삶과 인격이 회복되어가는 것을 경험했다. 또한 가정과 직장에서의 사명도 깨닫게 되어 공동체가 더욱 건강해졌다.

다양한 훈련 프로그램

대부분의 경우 모든 교회의 양육은 이론으로 끝나며, 교회 안에서의 종교적 열심을 강화하는 방향으로 진행된다는 약점을 가지고 있다. 하나님나라가 개인의 삶과 공적 영역에 임하기 위해서는 실제적인 삶의 변화가 일어나야 하며, 삶의 변화는 사회의 공적 영역들로 확장되어야 한다.

성경만 공부한다고 좋은 성도가 되지 않는다. 기도만 많이 한다고 좋은 성도가 생기지 않는다. 이미 한국 교회가 충분히 체험한 결과다. 성도들의 삶과 교회의 존재 방식이 실제로 율법을 실천할 수 있도록 변화되는 것이 중요하다. 따라서 '하나님 사랑과 이웃 사랑'을 실천할 수 있는 교회 나름의 프로그램이 있어야 한다.

---

*　저자가 시도한 이러한 프로그램에 대해서는 세상의빛교회 홈페이지(www.fnlchurch.org)를 참고하라.

양육이 배우는 것이라면, 훈련은 삶에서 실천하여 익히는 것이다. 다양한 훈련 프로그램이란 사회의 공적 영역에서 이웃을 섬기는 성숙한 신앙인으로 성장하기 위한 기회를 다양하게 제공하는 것이다.

우리 교회는 양육뿐 아니라 훈련 프로그램을 주말에 진행한다. 이웃을 위한 다양한 봉사 프로그램이 주말과 주일에 진행되어야 실제로 성도들이 참여할 수 있으며, 하나님의 백성으로서 이웃과 나그네의 삶의 회복을 돕는 성도로 훈련된다. 이것이 진정한 안식이다.

> 네 하나님 여호와가 네게 명령한 대로 안식일을 지켜 거룩하게 하라 엿새 동안은 힘써 네 모든 일을 행할 것이나 일곱째 날은 네 하나님 여호와의 안식일인즉 너나 네 아들이나 네 딸이나 네 남종이나 네 여종이나 네 소나 네 나귀나 네 모든 가축이나 네 문 안에 유하는 객이라도 아무 일도 하지 못하게 하고 네 남종이나 네 여종에게 너 같이 안식하게 할지니라 너는 기억하라 네가 애굽 땅에서 종이 되었더니 네 하나님 여호와가 강한 손과 편 팔로 거기서 너를 인도하여 내었나니 그러므로 네 하나님 여호와가 네게 명령하여 안식일을 지키라 하느니라 _신 5:12-15

주일은 단순히 교회 오는 날만은 아니다. 주님 앞에서 하나님을 사랑하고 이웃을 사랑하는 하나님의 백성으로 회복되는 날이다. 회복을 위해서는 단순한 종교 의식을 넘어 우리의 몸과 마음이 실제로 하나님을 사랑하고 이웃을 사랑하도록 연단되는 것이 중요하다.

주일에 교회 성가대나 교사로서의 봉사를 넘어서 이웃을 섬기는 진정한 사랑의 실천을 훈련하기 위해, 교회는 교회 밖으로 나가는 실천적 훈련 프로그램을 준비하고 성도들과 함께 이에 집중해야 한다. 주말이나 휴일, 심지어 휴가 기간에도 주변의 이웃들뿐만 아니라, 전 세계 곳곳에서 우리의 도움을 필요로 하는 이웃들에게도 사랑의 손길을 내밀 수 있어야 한다. 이러한 프로그램을 통해 성도들은 신앙의 실천을 훈련하고, 하나님의 통치를 따라 살아가는 기독교 신앙을 종교적으로 이해하는 것이 아니라 총체적으로 이해할 수 있게 된다. 하나님나라는 교회 안에서의 종교적 모임이 목적이 아니다. 종교적 모임을 통해 온 세상을 회복하는 총체적 변화가 목적이다.

우리 교회는 구체적으로 이웃을 위해 봉사하는 프로그램을 모든 성도들이 경험하게 하려는 계획을 가지고, 개척한 해부터 실천적 훈련 프로그램을 시작했다. 교회의 모든 양육은 현장에서 완성된다는 신념의 실천이었다. 주일 오후에 여러 곳의 봉사처를 연결하여 현장에 나가 청소하고 빨래하며 음식을 만들어 대접하면서 이웃과 교제했다.* 토요일에는 자원한 성도들과 함께 독거노인들

---

* 저자가 개척한 교회에서 섬기는 봉사처는 주사랑공동체, 벧엘의 집, 샘물의 집, 샬롬의 집, 세움공동체 등이다.

을 찾아가 식사를 대접하는 '세움공동체'의 사역에 동참했다.* 또한 해마다 몇 차례 해외선교지 봉사를 떠난다. 명절, 연휴, 여름휴가 등을 이용하여 연중 삶으로 복음을 실천할 기회를 마련하는 것이다.

교회 개척을 통해 건강한 교회를 꿈꾼다면 이러한 실천적 훈련 프로그램들을 시도할 수 있다. 물론 예산도 마련해야 하고 양육을 통한 성도들의 자발적 헌신이 선행될 때 가능한 일이다.

때로는 부담을 느끼는 성도도 있었다. 하지만 대부분의 성도는 진정한 그리스도인으로 훈련되었을 뿐 아니라, 교회에 대한 신뢰를 가지고 사역에 한 마음이 되었다. 새로운 사람도 교회에 오게 되었을 때 우선 이런 실천적 프로그램에 동참하면 기독교 신앙이 좋을 것이라는 생각을 가지게 되었고, 교회에서 다양하게 신앙의 양육을 받는 계기도 되었다. 우리의 봉사 프로그램은 교회 밖의 사람에게도 공감대를 얻어 교회의 다양한 실천적 프로그램에 필요한 예산을 후원받기도 했다.

---

*　세움공동체는 관악구 난곡동에 소재하며, 지역의 독거노인들에게 점심을 무료급식하며 섬기는 기관이다. 이 기관에 복음을 전하기 위한 다양한 프로그램을 식사 전에 제공한다. 자세한 것은 세움공동체 카페 Online: http://cafe.daum.net/yssharon 참고.

13

새로운 교회 운동을 위한 킹덤처치

건강한 교회 : 킹덤처치

이 시대 최고의 관심사는 건강한 교회이다. 이것이 시대의 요청이다. 지금 한국 교회의 위기는 교회가 다양한 이유로 교회의 참 모습으로부터 멀어졌기 때문에 생긴 것이다. 교회를 새롭게 정의하려는 다양한 시도들과 교회를 갱신하라는 다양한 요구들은 한국 교회가 교회의 정의로부터 많이 벗어났기 때문이다. 답은 의외로 간단하다. 교회의 본질로 돌아가는 것이다. 하지만 답을 실행하는 것은 어렵다. 나를 변화시켜야 하고, 많은 것을 포기해야 하기 때문이다. 우리는 이 시대에 이 거룩하고 힘겨운 과업을 수행해야 한다. 이것이 교회를 살리고 대한민국을 살리고 수많은 세계의 이웃들을 살리는 길이다. 교회가 살면, 교회를 통해 세상이 산다. 이것이 하나님의 계획이다.

킹덤처치는 하나님나라를 구현하는 건강한 교회다. 건강한 교회는 예수 그리스도께서 선포하신 하나님나라를 가시적으로 구현하는 도구다. 이것이 교회의 존재 목적이다.

존재 목적에 충실한 교회가 건강한 교회다. 건강한 교회는 반드시 예산을 공개하거나 목사가 없는 교회가 아니다. 건물이 없는 교회나 카페교회라야 하는 것이 아니다. 교회가 어떤 상황에 있든지 하나님나라를 가시적으로 구현하는 교회라야 건강한 교회다. 세상이 교회를 통해 보이지 않는 하나님나라를 희미하게나마 발견할 수 있어야 하기 때문이다. 세상은 피켓이나 전도지를 통해서가 아니라, 교회의 존재방식과 그리스도를 주로 고백하는 성도들의 삶의 모습을 통해 하나님나라를 발견하기 때문이다. '신앙과 삶의 일치'를 위한 노력이 절실한 이유다. 어떤 평계도 통하지 않는다.

교회가 하나님나라를 가시적으로 구현하지 않고 세상의 조직으로 전락하면 존재할 이유가 없다. 주님께서 촛대를 옮기신다(계 2:5). 우리의 모습에 하나님나라 삶의 방식이 나타나도록 교회는 세계관을 변혁하는 복음을 전하고 훈련해야 한다. 건강한 교회에서 나타나는 양적(수적) 부흥이라야 진정한 부흥이라고 말할 수 있다.

새로운 교회를 개척하는 이유

이미 좀 오래된 보도이긴 하지만, 2006년 박영신 연세대 명예교수는 "개신교가 침체국면을 면치 못하고 있는 것은 종교로서의 성스러움을 잃어버리고 물질주의, 경제지상주의와 궤를 같이 하고 있기 때문"이라고 지적했다.* 이러한 교회 밖의 목소리에 귀를 기울일 필요가 있다. 교회는 세상에 복음을 전해야지, 성도들에게만 복음을 전하는 것이 역할의 전부가 아니기 때문이다.

한국 교회가 한국 사회의 자본주의화와 맥을 같이 하면서 물질주의를 따라가고 있다. 어느덧 사명과 본질을 잃어가고 있는 것이다. 우리는 다시금 교회란 무엇인가 깊이 성찰하고 회개함으로 변화를 시도할 수 있다. 복음의 본질을 말하는 것을 뛰어넘어, 복음의 본질에 따라 존재하는 새로운 교회를 세우기 위해 교회를 개척할 수 있다.

감사하게도 새로운 교회 운동을 위한 목소리가 다양하게 나오고 자신의 권리를 포기하는 시도도 나타나고 있다. 한국 교회의 위기 탈출과 재도약을 위해 다양한 사회의 요구들을 수용하고, 사회 구성원의 필요를 채워야 하는 상황에서 대단히 반가운 일이다.

이러한 노력의 일환으로서, 이 시대의 교회 개척은 새로운 교회 운동을 일으킬 수 있는 좋은 방법이다. 교회 개척의 현실적 어려움은 우리가 극복해야 할 과제다. 교회 개척의 획일성은 우리가 피해야 할 요소다. 이제 다양하게 분화되고 변화되는 이 시대에 교회는 새로운 세대를 대상으로 개척을 시도하면서 새로운 사역 방식을 찾을 수 있다. 여러 교회들이 서로를 보완하며 도시민에게 다가가야 한다. 이것은 주류에 속하지 않는 것을 주저하지 않는 세대에게, 스스로 자신이 원하는 문화를 찾는 '니치'(niche)와 '내로우캐스팅' 시

---

* 정천기, "2006 문화예술 종교", 연합뉴스, 2006. 12. 17일자.

대를 위한 교회의 새로운 진화다. 이런 모든 노력을 담아 온 세상에 하나님나라를 구현할 수 있는 다양한 킹덤처치가 세워져야 한다.

도시 지역 교회 개척의 선구자 팀 켈러는 교회 개척을 위해 세 가지가 필요하다고 말한다. 성경적 근거를 분명히 하는 것, 지역적이며 시대적 상황을 파악하는 것, 자질이나 부르심과 강점 등 지도자의 리더십에 대한 이해다.* 목회자로서 킹덤처치를 개척하려 한다면 왜 자신이 교회를 개척해야 하는가에 대한 성경적 근거를 찾자. 왜 그 지역에 교회를 개척하려 하는지 고민하면서 지역에 하나님나라가 도래하기 위해 필요한 사역을 분명히 하자. 나아가 자신에게 부르심이 있는지 주님 앞에서 확인하고, 어떤 자질이나 강점으로 어떤 사역을 할 수 있는지 평가하자. 그러면 이 시대 다양한 사역의 필요를 감당하며 하나님나라를 이루는 교회가 탄생할 것이다. 주님께서 도우실 것이다.

교회가 다시 세상 유일의 소망이 되기 위하여

나는 이 장에서 도시 지역에 국한하여 비교적 젊은 세대를 중심으로 어떻게 건강한 교회를 개척할 것인지에 대해 다뤘다. 기독교에 대한 신뢰가 땅에 떨어진 시대에, 도시 지역에서 젊은 세대들이 교회로부터 등을 돌리고 있는 상황에서, 건강한 교회를 개척하여 답을 찾아가는 시도는 한국 교회를 위한 새로운 돌파구가 되리라 확신한다. 나아가 미래에 대한 소망이 없이 살아가는 이 시대 젊

---

* Keller and Thompson, *Redeemer Church Planting Manual*, 27. 더 자세한 설명은 29-71을 참고.

은 세대들에게 어느 것으로도 대체할 수 없는 희망을 제시할 수 있을 것이다.

킹덤처치는 그들에게 소망이 되기 위해 권위를 내려놓고, 탈권위를 요구하는 그들의 눈높이에 맞춰 주님 나라를 위한 도구가 되어야 한다. 문화의 중심지인 도시에서 젊은 세대들이 교회에서 소망을 발견하고 건강한 복음의 공동체를 형성한다면 앞으로 다양한 지역으로 이러한 교회(킹덤처치)가 확산될 수 있으며, 나아가 한국 교회의 허리가 튼튼해지고 지금의 청소년 이후 세대들에게 복음의 공동체가 잘 전수될 수 있을 것이다.

교회는 세상의 유일한 소망이다. 교회는 특히 한국 사회의 유일한 소망이라고 믿는다. 지금은 그렇게 인식되지 않고 있지만, 과거에 한국 교회는 한국 사회의 유일한 소망이었다. 조선 말기, 일제 강점기, 해방 이후 한국 교회는 특히 그랬다. 기존 교회들의 다양한 갱신 노력에 더하여 젊은 세대들을 중심으로 새로운 사명을 가지고 개척된 킹덤처치들이 제 역할을 감당하여 새롭게 갱신된 한국 교회가 한국 사회의 소망이 될 때, 교회가 회복되고 세상은 소망을 되찾게 될 것이다. 교회를 향한 사람들의 신뢰가 회복될 때 교회가 회복되고, 신뢰가 깨져버린 한국 사회에 신뢰가 회복되고, 나아가 더 아름다운 대한민국이 될 것이라 확신한다. 나아가 세계 곳곳에 나가 있는 선교사들과 그들을 후원하는 한국 교회가 세계의 희망으로 자리매김하게 될 것이다. 하나님나라를 구현하는 킹덤처치, 파이팅이다!

신앙과 삶의 일치를 위한
창의적 몸부림

성가대, 새벽기도, 오후예배 없는 삼무 교회

새벽기도회를 하지 않는 교회, 성가대가 없는 교회, 주일 오후예배를 드리지 않는 교회. 그야말로 삼무(三無) 교회다. 물론 이단은 아니다. 지난 2006년 이종필 목사가 서초동에 개척한 대한예수교장로회(합동) 소속 세상의빛교회는 신앙과 삶의 일치를 꿈꾸는 견실한 교회다. 삼무는 이 목사가 목회현장에서 자신의 목회 철학인 신앙과 삶의 일치를 붙들고 몸부림친 흔적이다. 이 목사에게 세상의빛교회의 삼무 사역에 대한 이야기를 들어본다.

이종필 목사에게 신학 공부와 함께 시작된 7년 동안의 교회 사역은 참 즐거웠다. 그렇지만 교회 현장을 깊이 알아가면 갈수록 교

---

*   목회와신학, 2014년 8월호, 배성우

회에서의 생활과 세상에서의 모습이 분리된 이원론적 신앙생활을 하는 성도들의 모습을 보게 됐다. 사회에서 인정받지 못하는 교회의 현실 또한 깊은 시름거리였다. 성도들의 삶이 성경적이지 않다면 과연 누구의 잘못이고 무엇이 문제일까를 자문했다. 이를 통해서 찾아낸 것이 '신앙'과 '삶'이라는 단어다.

'한국 기독교의 가장 큰 문제를 무엇이라고 생각하느냐'를 묻는 설문 조사에서 신앙과 삶의 불일치가 첫 번째로 꼽혔다. 이를 통해서 교회를 바라보는 세상 사람들의 시각과 생각을 엿볼 수 있었다. 이 목사는 해결책을 깊이 고민하게 됐다. 분명한 대안과 해답을 제시하는 교회를 꿈꾸면서 기존 교회의 예배와 훈련과 사역의 전반을 되돌아봤다.

"교회는 하나님의 함수라고 생각합니다. 세상 사람이라는 X값을 집어넣으면 성화된 그리스도인이라는 Y값이 나와야 합니다. 만약 그렇지 못하다면 교회라는 함수가 잘못된 것이 아닐까 생각합니다."

이 목사의 말이다. 이 목사는 신앙과 삶의 일치를 위해서 그동안 교회가 해왔던 모든 사역들을 재점검했다. 그리고 교회를 개척하면서 기존 교회가 이어오고 있던 사역의 기본 틀에 변화를 시도했다.

입술의 고백에서 삶의 찬양으로

첫 번째 시도는 성가대를 조직하지 않은 것이다. 매주일 성가대

사역을 위해서 많은 시간을 들여 성가 연습을 하는데, 이것이 성도들의 신앙과 삶의 일치를 이루는 데 얼마나 도움이 될까를 자문했다. 그리고 큰 도움이 되지 않을 수도 있겠다는 조심스러운 결론에 이르렀다. 그래서 성가대를 조직하지 않았더니 찬양 연습에 할애하던 시간이 대폭 줄었다. 성가대 찬양 시간은 성도들이 함께 찬양하는 시간으로 변경했다. 이를 통해서 입술의 찬양이 아니라 삶의 찬양으로 나아갈 수 있도록 했다.

이종필 목사는 히브리서(히 13:16)가 말하는 '선을 행하고 서로 나누어 주는 삶'의 실천을 주일에 훈련하지 않으면 안 된다고 생각했다. 평일에 그렇게 살라고 하면 쉽지 않기 때문이다.

"한 번도 그렇게 살아본 적 없는 사람이 주중에 혼자서 별도의 시간을 마련하기란 쉽지 않아요. 바쁜 일상 속에서 살아가는 현대인에게는 거의 불가능한 일이죠. 이를 주일에 훈련할 수 있는 기회와 시간을 마련해줘야 주중 실천으로 이어질 수 있다고 본 것이죠."

성가대가 없으니 별도의 찬양 연습이 필요 없고 그로 인한 여유 시간에 봉사 활동을 할 수 있도록 여건을 마련했다. 관련 기관과 단체를 연결해 주일예배를 마친 성도들이 봉사 활동을 한 후 집으로 돌아갈 수 있도록 한 것이다. (2014년) 현재 세상의빛교회와 연결된 기관들은 장애인 시설인 주사랑공동체, 독거노인을 돕는 사역 단체인 세움공동체, 그리고 샘물지역아동센터 등 세 곳이다.

주사랑공동체는 선천적 장애 때문에 버림받은 아이들과 가정의 돌봄이 불가능한 아이들이 모여 생활하는 장애인 공동체 가정이다. 이곳에서 세상의빛교회 성도들은 아이들 목욕과 청소, 빨래 등을 한다. 세움공동체는 독거노인들을 위한 무료급식소를 운영한다. 주 5일 100여 명의 노인들에게 점심식사를 제공하는데, 세상의빛교회 성도들은 이곳을 방문해서 청소 · 식자재 준비 · 배식 및 설거지를 담당한다. 샘물지역아동센터는 다양한 이유로 가정생활을 할 수 없게 된 아이들이 모여서 생활하는 그룹 홈이다. 성도들은 이곳에서 아이들의 학습을 지도하고, 인성 프로그램 진행을 돕는다.

이 모든 사역들은 성도들의 자발적 참여로 이뤄지고 있다. 개인의 관심사와 은사 및 시간 여건을 따라 자유롭게 봉사기관을 선택해 참여할 수 있도록 하고 있다. 봉사 활동으로 인해 교회에 대한 성도들의 자부심은 상당히 커졌다.

"그동안 봉사 사역에 대한 마음은 있었지만 주일 교회활동에 바빠 시간을 낼 수 없었는데, 교회가 발 벗고 나서서 섬길 수 있는 기회를 제공해주니 감사하고 뿌듯합니다."

"무엇보다 개인적 부담이 아니라 공동체가 함께 봉사의 자리로 나아갈 수 있어 마음의 부담이 덜해서 좋습니다."

한 번 봉사 활동을 다녀온 성도들은 대개 계속해서 봉사 활동을 다닌다. 봉사를 통해 얻은 은혜가 주일예배와 설교를 통해서 받는 은혜보다 더 크게 다가올 때도 있단다. 이러한 사역과 봉사의 현장을 직접 보면서 선교와 구제에 대한 물질적 헌신도도 상당히 높아졌다고 한다.

주일 오후예배를 소그룹 예배로

두 번째 시도로 주일 오후예배를 없앴다. 신앙과 삶의 일치에 대한 고민은 예배에 대해서도 다시 한 번 생각하게 했다. 성도들의 삶을 변화시키지 못하는 예배에 대한 근본적인 고민이 생긴 것이다. 그러면서 소그룹 사역을 강조하는 교회들에 눈길을 돌리게 됐고, 소그룹을 잘 하는 교회들도 성도의 30% 정도만 모임에 참여하고 있다는 사실을 알게 됐다.

이종필 목사는 소수의 한정된 인원이 참여하는 주중 소그룹 모임이 아니라 대부분의 성도들이 참여할 수 있는 주일 소그룹 예배를 착안했다. 주일 오후예배의 형식을 소그룹 중심의 예배로 전환하고, 오전예배 설교를 듣고 깨달은 내용과 개인적이고 실제적인 삶의 적용과 결단을 나누는 시간으로 꾸려갔다. 개인적 은혜를 나누면서 하나님을 찬양하고 결단하며 기도하는 시간을 갖도록 한 것이다. 물론 이를 위해서는 리더 훈련이 선행돼야 한다.

주일 소그룹 예배는 주일 낮 예배를 마치고 소그룹 식구들과 함께 식사 교제를 하면서 자연스럽게 이어지는 형식으로 진행된다. 주일 오후 소그룹 예배는 소그룹 모임과 다르고, 목사의 인도를 따라가는 예배와도 다르다. 소그룹 예배의 목적은 개인이 받은 은혜와 말씀을 적극적으로 고백하고 함께 기도함으로써 삶의 변화를 결단하고 일상으로 돌아가는 것이다. 이 예배를 통해서 성도들은 일상 속에서 신앙과 삶의 통합을 추구하게 된다. 교회와 세상의 가교 역할을 하는 예배인 것이다.

"기독교의 예배는 교회에서 끝나는 것이 아닙니다. '삶을 하나님의 뜻대로 살겠습니다'라고 하는 일상 예배의 서론입니다. 이것이 샤머니즘과 기독교의 결정적인 차이라고 생각합니다."

주일 오후예배를 소그룹 예배로 전환하면서 성도의 95% 이상이 예배에 참여하고 삶을 나누면서 구체적인 변화를 경험하고 있다. 소그룹 예배의 진행은 셀 교회에서 말하는 4W방식(Welcome: 마음 열기, Worship: 찬양하기, Word: 말씀 나누기, Work: 사역 및 기도하기)을 따른다. 소그룹 예배는 점심식사를 포함해 1시간 30분 정도 진행된다. 현재 매주일 14개의 소그룹이 모임을 갖고 있다. 주일 소그룹 예배가 진행되는 동안 아이들을 돌볼 수 있는 탁아 서비스를 지원하고 있으며, 이때 교사들은 아이들과 특별활동을 진행한다.

주일 소그룹 예배의 가장 큰 특징은 남성들의 참여율이 높다는 것이다. 바쁜 직장 생활을 하는 남자들의 불참으로 대개의 교회에서 주중 소그룹 모임은 여성 위주가 된다. 소그룹 리더들도 대부분 여성일 수밖에 없다. 그러나 세상의빛교회는 남자 리더가 더 많다. 주일 소그룹 사역을 통해서 남성의 참여와 헌신이 상당히 높아졌다. 이를 통해 교회의 핵심가치를 이해하고 공유하는 남성들이 영적 리더십을 발휘함으로써 가정도 신앙 안에서 견실해지는 목회적 열매를 맺는다. 이렇게 주일 소그룹 예배가 활성화되면서 자연스럽게 가정사역의 시너지도 함께 나타났다.

새벽기도회를 주중 저녁기도회로

세상의빛교회에 없는 세 번째는 새벽기도회다. 기도의 중요성을 간과해서가 아니다. 이종필 목사는 개척 초기 절박한 심정으로 새벽기도에 매달렸다. 그러나 과연 현대 직장인들의 생활 패턴에 새벽기도회가 맞을까, 그들에게 더 유용한 방식은 없을까 하는 고민이 늘 있었다. 고민 끝에 전통적 새벽기도회를 저녁기도회로 바꿨다. 직장을 마친 성도들이 기도할 수 있는 시간과 공간을 만들어놓은 것이다.

기도회 시간이 변하자 두 가지 좋은 결과가 뒤따랐다. 밤 문화에 쉽게 노출된 현대인들에게 영적인 자리를 마련해 줌으로써 삶에 변화가 일어났다. 그리고 기도회의 시간과 형식을 바꿈으로써 교인들이 기존에 익숙했던 것들에 대한 새로운 가치와 의미를 부여하게 됐다. 한마디로 기도에 대한 가치를 회복할 수 있게 된 것이다. 저녁기도는 오늘 하루와 나의 인생을 돌아보며 하나님의 뜻에 자신의 계획을 맞춰가는 시간이 됐다. 주중 저녁기도회는 오후 8시 30분부터 10시까지 진행된다. 저녁기도회는 30분 예배(찬양 · 기도 · 설교)와 이어지는 1시간 개인기도시간으로 구성된다. 한 주에 한 번은 목회자가 예배와 기도를 인도한다.

새벽기도회를 저녁기도회로 전환하면서 교역자들의 업무 시간도 바뀌었다. 매일 저녁기도회가 진행되기 때문에 사역자들의 공식 업무 시작 시간은 오후 1시다. 오전 시간을 가족들과 함께 보내도록 배려한 것이다. 일반적으로 목회자들은 저녁 시간에 심방과 사역 등으로 귀가가 늦어 가정생활에 소홀해지기 마련인데, 이종 필 목사는 동역자들의 오전 시간을 확보해줌으로써 가족들과 함께 할 수 있도록 했다.

삼무(三無), 즉 성가대가 없고 오후예배가 없고 새벽기도회가 없다고 하지만 실제로 뚜껑을 열고 보면 형식과 모양을 달리할 뿐, 각각의 사역이 모두 제 모습을 갖추고 있다. 세상의빛교회 성도들은 주일 낮 12시에 2부 예배를 드리고, 오후 1시 20분부터 식사와 소그룹을 이어가고, 오후 3시쯤 소그룹 예배를 마치면 봉사 사역으로 나아간다. 이렇게 주일에 예배와 소그룹과 봉사가 자연스럽게 이뤄질 수 있도록 한 것이다.

직장인들의 특별한 아웃리치

세상의빛교회는 1년에 세 차례 아웃 리치를 진행하고 있다. 대학·청년들 중심의 아웃리치가 아니라 직장인들에게 맞는 아웃리치를 구상하면서, 이 목사는 명절 연휴를 이용한 아웃리치를 생각해냈다. 주로 설 연휴를 이용해 온 가족이 함께하는 선교여행을 기획했다. 또 국경일을 포함한 연휴 기간을 이용한다. 주로 3월, 5월, 10월 중에 가게 되는데, 올해는 5월에 다녀왔다. 세 번째 아웃리치는 여름휴가 기간에 이뤄진다. 이렇게 해서 보통 4개월에 한 번씩 아웃리치가 이어지고 있다. 한 팀이 다녀오면 다음 팀이 준비하고 다음 팀이 다녀오면 그 다음 팀이 아웃리치를 준비한다. 이를 통해 연중 선교에 대한 이슈가 끊이지 않도록 했다. 이를 통해 교인들의

60-70%가 아웃리치에 대한 경험을 갖게 됐다. 아웃리치에 참여하는 성도 대부분이 직장인이다 보니 주로 5-6일 정도의 기간으로 다녀올 수 있는 가까운 나라들이다. 지금까지 필리핀 · 몽골 · 사이판 등지를 다녀왔다.

"아웃리치를 통해 제가 설교로 채워줄 수 없는 수많은 영적 동력을 성도들이 공급받고 있는 것을 느낍니다."

예배와 양육의 한계를 아웃리치와 봉사 활동을 통해서 체험하는 것이다. 아웃리치를 다녀온 가정들은 그만큼 선교 밀착적인 삶을 살아간다. 소비 규모를 줄이면서 자신의 것들을 나누려고 애쓰는 성도들의 모습을 볼 때, 이 목사의 마음은 뿌듯하다.

하나님과 通, 세상과 通, 교회와 通

소그룹 모임, 세상 향해 나가는 동력

서울 관악구 난곡로26길 34번지, 지하철 2호선 신림역에서 내려 버스로 15분쯤 올라가면 도착할 수 있는 비탈진 곳이다. 도시 재개발이 진행되면서 과거 달동네 모습도 변해가고 있지만 여전히 이차선 도로는 가파르고 후미진 골목길들은 즐비하다.

지난 13일 토요일 오전, 약속한 시간에 맞춰 세상의빛교회(담임: 이종필 목사) 이현용 집사를 신림역에서 만나 세움공동체를 방문했다. 강남 서초동에 자리해 150여 명 교인들이 함께하는 세상의빛교회는 말씀으로 하나님과 소통하고, 세상으로 나가서 사람들과 소통하며, 손길이 필요한 교회를 찾아가 섬김으로 소통하는 강소

---

* 〈기독교연합신문〉 2017. 5. 18. 이인창 기자, 한국 교회 소통의 현장을 찾아서

교회이다.

이 집사는 매달 둘째 주 토요일과 넷째 주 주일 오후에 교인들과 함께 세움 공동체를 찾아와 봉사활동을 펼치고 있다. 세상의빛교회 교인들이 교회 밖으로 나와 섬기는 이유는 무엇일까? 궁금해 직접 동행을 요청했다.

달동네 찾아가 노인 섬기는 교회

이현용 집사를 만나 도착한 세움공동체는 옛 난곡동 달동네에 위치해 있었다. 김영해 최정희 목사 부부가 이끄는 노인복지시설이다. 매일 50~70명 노인들이 이곳을 찾아와 무료한 일상을 내려놓고 식사를 하고 매일 색다른 프로그램으로 쉼을 얻고 있다.

비인가 시설이다보니 일체 정부 지원금은 없다. 17년 전 최정희 목사가 처음 시작했고 지금은 남편 김영해 목사가 합류해 공동체를 운영하고 있지만, 매일매일 오로지 하나님의 도움만 경험하고 있다.

김영해 목사는 "하나님께서는 어떻게 해서든 세움공동체를 굶기지 않으셨습니다. 그때그때 채워가심을 경험하고 있지요. 그래도 봉사자들이 정기적으로 방문해 도움을 주셔서 많은 힘이 되고 있습니다"라며 돕는 손길들에 대한 감사를 전한다.

이현용 집사는 8년 전 세상의빛교회가 처음 봉사할 때부터 교인들과 이곳을 찾고 있다. 형편이 어렵거나 독거노인들은 세움공동체에 만나는 젊은 봉사자들이 친구이고 가족이다. 찾는 노인들

중 기독교인이 아닌 분들이 더 많지만 그것은 중요한 일은 아니다.

올해 86세 김 모 할머니는 "젊은 친구들이 손주들 같아서 기특하기도 하고 고맙기도 하고 그래. 얼마나 고마운지 몰라"라며 세상의빛교회 교인들에게 마음을 전했다.

이 집사는 기자와 동행했으면서도, 익숙한 듯 어르신들에게 인사를 하고는 곧장 부엌으로 향했다. 노인들을 위한 프로그램을 마치자마자 점심을 대접해야 하기 때문에 준비해야 해서다.

최정희 목사는 기자에게도 알타리무와 쪽파를 다듬고 햇마늘을 까달라며 부엌칼을 내밀었다. 이내 도착한 세상의빛교회 교인들과 건물 밖 골목에 돗자리를 펴고 채소 손질을 본격적으로 시작해야 했다. 안에서는 공간이 여의치 않아서다. 며칠 전 비가 와 미세먼지가 씻겨간 탓에 오전 공기는 상쾌하다.

세상과 소통할 수 있는 동력 '소그룹'

마치 사랑방에 마실 온 양 길바닥에 앉아 교회 이야기와 섬김에 대해 교인들과 이야기를 나눴다.

"세움공동체에는 아이들하고 늘 같이 와요. 어르신들이 많이 귀여워해주시고 우리 아이들도 할아버지 할머니들하고 거리감 없이 지낼 수 있어 좋습니다. 우리 교인들은 늘 신앙과 삶이 동떨어져선 안 된다는 공감을 가지고 있어요. 시간을 정해 교회 밖으로 나가는 이유가 그것인데, 세움을 찾는 것도 그 때문이죠."

예희 양도 옆에 교회 동생 배하율 군과 열심히 햇마늘을 깐다. 손이 매울까봐 걱정되지만 고사리 손으로 잔뜩 집중하는 모습이 귀엽다. 골목을 오가는 노인들도 아이들을 보고 칭찬 한마디씩을 잊지 않는다. 철커덩 대문을 열고 나온 이웃집 할머니는 초콜릿을 들려준다. 모두의 입가에 웃음이 번진다. 자녀들은 부모와 함께 봉사활동을 하면서 세상의 따스함, 신앙인이 무엇을 해야 하는지를 배우는 것 같다. 하율 군의 아버지 배윤 집사는 세상의빛교회에 와서 소통하는 법을 배웠다고 했다. 교회에서 주일예배 후 오후에는 소그룹 모임을 하는데 그곳에서 성경말씀의 은혜와 일상의 경험을 공유하며 실천하는 신앙을 배웠다는 것이다.

"예전에는 주일만 교회에 나가는 교인이었지요. 결혼 후 이 교회에 와서 소그룹 활동을 하면서 좋은 신앙공동체가 무엇인지 알게 됐습니다. 내가 가진 고민들을 잘 들어주고 함께 기도해주는 사람들입니다. 세상에서는 과거를 이야기하지만, 교회에서는 미래를 이야기하잖아요. 저는 그것이 참 좋습니다."

배 집사가 말한 교회 소그룹 모임이 세상 밖으로 나가 소통할 수 있는 동력이 되는 것은 아닐까 하는 생각이 든다. 실제 세상의빛교회 교인들은 넷째 주 주일 오후에는 교회 안에 머물지 않고 흩어진다. 이 때에는 세움공동체뿐 아니라 여러 도움이 필요한 곳으로 교인들은 떠난다.

알 수 없는 이유로 거리에 버려지는 아이들을 위해 '베이비박스'를 설치해 잘 알려진 '주사랑공동체', 여러 이유로 가정생활이 어려운 아이들이 머무는 그룹홈 '샘물샬롬의 집', 성인 지체장애인들이

머물고 있는 '벧엘의 집' 등 교인들은 뿔뿔이 흩어져 목욕봉사, 청소 등 굳은 일을 도맡아 한다. 주사랑공동체는 방송에 자주 소개되면서 지금은 잘 알려졌지만, 세상의빛교회는 이 공동체를 초창기부터 섬겨오고 있다. 복지시설에 가지 않은 교인들은 교회 인근의 지하철역이나 거리를 다니며 교회에서 정성껏 준비한 전도지를 나누며 또다른 소통을 이어간다.

이현용 집사는 "예수님을 믿는 사람으로서 세상과 교회, 소외된 주변 이웃을 위해 작은 일을 할 수 있다는 것이 감사하죠. 봉사 현장에 빠지지 않고 꾸준히 나올 수 있는 것도 감사이고, 봉사자들을 기다려주는 공동체가 있는 것도 감사한 일"이라고 전했다.

"세상 속 신앙인, 예수님이 그러셨잖아요"

세상의빛교회와 교인들이 적극적인 소통 사역을 펼치는 데는 이종필 담임목사의 목회 철학이 중요한 영향을 끼치고 있다. 이종필 목사는 현장 실천가라기보다는 성경 전문가다. 하나성경관통선교회 대표로 꾸준히 성경을 연구하고 책을 집필하면서 전국 방방곡곡, 해외에까지 찾아다니며 기독교 세계관에 대한 강연을 펼친다. 그런 이 목사가 성경과 기독교 세계관을 교육하면서, 교인들에게 세상 속으로 들어가라고 계속해서 강조하는 것이다.

"예수님이 그러셨잖아요. 예수님은 회당 안에만 계시지 않고 세상으로 나가서 말씀을 가르치셨고 병자를 고치셨습니다. 교회는 교인들에게 하나님의 말씀을 가르쳐서 세상으로 보내야 합니다. 그래야 복음을 제대로 증언할 수 있습니다."

이 목사는 "세상이 바뀌어도 성경의 본질이 변하지는 않습니다. 성경에 바탕을 둔 기독교 세계관을 만들고 세상을 바라봐야 합니다"라고 강조한다. 세상의빛교회의 봉사활동은 세상과 소통을 위한 신앙교육인 셈이다. 그래서 해외 일정이 없는 한 이종필 목사도 교인들과 봉사활동에 함께한다. 개척초기부터 지속해온 전통이다.

교인들이 소그룹 모임에 대한 자부심이 큰 것도 하나님과 소통하고, 세상과 소통하는 방법을 발견하고 있기 때문일 것이다.

세상의빛교회는 흥미로운 점이 하나 더 있다. 바로 새벽예배를 없애고 매일 저녁기도회를 갖고 있다는 것이다. 과거 농촌 중심시대와 달리 도시 교인들에게 출근을 앞둔 새벽은 힘든 시간이다. 교회는 교인들의 생활패턴을 생각해 저녁시간 기도회를 갖는다. 만족도가 매우 높고 참여율도 높은 편이다. 특히 밤 문화에 노출되는 기회가 줄면서 기도하는 시간은 더 많아진다.

또한 교회는 해외 선교지에서 사역도 꾸준히 펼치고 있다. 성도들은 1년에 네 차례 정도 여러 나라로 복음을 들고 나간다.

이종필 목사는 SNS도 활발하게 하며 본인의 행적을 알리고 기도를 부탁한다. 교회와 세상과 소통하려는 이 목사의 노력이 고스란히 드러난다.

돌아보며

2005년 중반. 만 33세의 '목회 초짜 부목사'가 교회를 개척한다고 했을 때, 동종 업계(?) 선배 목사님들 어느 누구도 찬성하지 않으셨다. 찬성하지 않는 정도가 아니라, 도시락을 싸들고 다니며 말리셨다고 하는 게 맞는 표현인 것 같다. 잘 될 거라고 이야기해 주신 분도 없었다.

33세였던 나에게도 교회를 개척하는 일은 십자가를 지는 일로만 여겨졌다. '죽었구나…. 예수님께서 33세쯤 십자가에 죽으셨다는데, 나도 이제 죽는구나….'

교회를 개척하는 일은 나에게 골고다 언덕으로 여겨졌다. 아버지의 목회를 보면서 자란 나에게 목회는 현실이었다. 목회에 대한 낭만적인 마음은 전혀 없었다.

개척의 부르심 앞에서 선배 목사님들을 만나며 나의 고뇌는 더해갔다. 선배 목사님들을 만나서 개척을 만류하는 이유들을 듣노라면 개척하지 말라는 주님의 뜻인가 고민했다. 어떤 목사님은 실력과 물질과 목소리를 포함한 외적 매력을 다 갖춰도 개척은 힘들다고 말씀하셨다. 또 다른 목사님은 큰 교회에서 분립을 시켜주거나, 출중한 재력과 인맥을 바탕으로 수십 수백 명을 데리고 시작하지 않는 한 교회 개척은 시간 낭비라고 말씀하셨다. 심지어 어떤 목사님은 재정 문제로 지하에 개척하면, 지옥에 내려가는 것 같아 사람들이 오지 않을 것이라고 저주(?)하기도 했다. 내 기억에, 나를 사랑할수록 더 강하게 개척을 만류하셨고, 부르심에 대해 확인하는 시간이 계속되었다.

기도의 자리로 나가면 하나님은 나를 분명히 개척의 길로 몰아붙이셨다. 새로운 교회를 세우라는 마음을 강하게 주셨다. 새로운 교회 운동이 꼭 개척을 통해서만 가능한 것은 아니지만, 나의 경우 거부할 수 없는 강력한 부르심…, 그 누구에게도 이성적으로 설명할 수 없는 내적 이끌림이 있었다. 아버지가 목회하시던 교회와 서울에 와서 일했던 두 교회를 통해 많은 것을 배우기도 하며, 한편으로는 킹덤처치에 대한 갈망이 커져갔고, 결국 답을 찾는 여행이 시작됐다.

청년들 몇몇과 가족들을 중심으로 시작된 개척은 참 힘들었다. 아무 것도 갖춰지지 않은 상태에서 뭔가 만들어가는 과정은 참 어려웠다. 내 이름을 우상으로 삼으려는 내 영혼과의 싸움도 만만치 않았다. 하지만 여기에 다 담을 수 없는 놀라운 인도하심으로 '복음'과 '교회'라는 두 주제를 고민하며, 복음이 구현되는 교회에 대한 답을 찾도록 도우셨다. 성도들이 복음에 대한 확신을 갖기 시작했으며, 교회에 대한 자부심과 애정에 충만했고, 선교를 향한 열정으로 움직이기 시작했다. 내 마음에 두려움은 사라지고, 내 입술에 역시 하나님의 계획은 놀랍다는 고백이 터져나오기 시작했다. 주 님께 구하면 길을 주실 거라 믿었는데, 정말 그렇게 인도하시는 하 나님을 경험하니 참 기뻤다. 하나님은 언제나 여기까지 우리를 도 우신다. 역시 하나님은 언제나 에벤에셀의 하나님이시다.

성도들에게 복음을 전하며, 그들이 복음 안에서 삶의 목적을 찾 아가는 모습을 보면서 참 행복하다. 교회 때문에 상처 받고 아파하 는 많은 이들이 행복하게 공동체를 이루는 모습을 볼 때, 화목한 대 가족을 바라보는 아버지의 흐뭇한 마음이 느껴진다.

이제 시작된 새로운 교회 운동으로서의 킹덤처치를 실험하는 우 리 교회의 여정에는 많은 과제들이 주어질 것이다. 하지만 두려움은 없다. 욕망을 버리고 순수한 마음으로 주님께 나아간다면, 이 시대 가 필요로 하는 새로운 교회 운동의 길을 열어주실 것이라 믿는다.

많은 분들에게 감사하고 싶다. 삶의 목적이 되시는 삼위일체 하 나님, 소천하신 아버지를 비롯한 나의 가족들, 개척 초기에 재정적 으로 도움을 주신 분들과 개척 멤버들, 그동안 함께 새로운 교회 운 동에 동참하여 다양한 실험을 수행해준 세상의빛교회 지체들, 복 음과 교회에 대한 고민을 함께 나눠준 신학생들과 목회자분들, 여 전히 저를 위해 기도해 주시는 수많은 동역자들에게 진심으로 감 사한 마음을 전한다. 그리고 달려갈 길을 마칠 때까지 성실과 열정 으로 이 시대가 요청하는 복음 사역을 위해 감당할 것이라는 다짐 을 밝힌다.

참고문헌

1. 국내서적과 저널

강민석. "'저녁예배 되살려야 온전한 주일성수' … 예장합동 심포지엄." 국민일보. 2014년 10월 28일자.

강주화. "등 돌리는 이유 … 누가 기독교에 돌을 던지나." 국민일보. 2013년 10월 18일자.

곽성덕. "말씀 중심으로 믿음의 가정들을 세운다." 월간목회. 2014년 8월호, 88.

_____. "전통 교회 정체 극복과 활성화 방안 - 에덴교회를 중심으로-." D.Min. diss., Fuller Theological Seminary, 2010.

국토교통부, 한국토지주택공사. "우리나라 도시 지역 인구현황." Online: http://www. city. go.kr.

권대익. "종교별 신뢰도 가톨릭 불교 개신교 순." 한국일보. 2014년 2월 5일자.

김도훈. "미디어산업, 서비스 논리 추구해야." 연합뉴스. 2014년 10월 28일자.

김문석. "회복생명나눔의 사역현장을 소개합니다." 목회와신학. 2012년 6월호.

김성원. "교회 분쟁의 해법은?" 아이굿뉴스. 2011년 8월 24일자.

김세윤. 구원이란 무엇인가? 서울: 두란노아카데미, 2001.

_____. 복음이란 무엇인가? 서울: 두란노아카데미, 2003.

_____. 예수와 바울. 서울: 두란노아카데미, 2008.

_____. "한국 교회 문제의 근원, 신학적 빈곤." 한국 교회, 개혁의 길을 묻다. 김세윤 외 19명. 서울: 새물결플러스, 2013.

김연택. 21세기 건강한 교회. 서울: 도서출판 제자, 1997.

김한수. "좋은 교회의 8가지 질적 특성." 목회와신학. 2012년 1월호.

김현선. "20대 '조울증' 환자 급증." 데이터뉴스. 2013년 6월 3일자.

김현주. "불안정한 일자리, 치솟는 집값 … 인맥까지 포기한 '사포세대'." 세계일보. 2013년 12월 11일자.

남소연 홍현진, "혼자 간 '집밥' 모임만20개 … 서울, 외로워요." 오마이뉴스. 2014년 10월 18일자.

디지털뉴스팀. "종교 신뢰도 가톨릭, 불교, 개신교 순 … 개신교 신뢰는 10명 중 2명." 경향신문. 2014년 2월 5일자.

류순열. "한국은 부동산 공화국 … 세대갈등에 경제 발목." 세계일보. 2005년 1월 27일자.

명성훈. 교회 개척의 원리와 전략. 서울: 국민일보, 1997.

목회와신학 편집부. 교회 개척. 서울: 두란노 아카데미, 2010.

문화체육관광부. 한국의 종교현황. 서울: 문화체육관광부, 2012.

민성기. "'불금' 연인과 함께 커플 요가를." 헤럴드경제. 2015년 2월 9일자.

민장배. 교회 개척학. 서울: 기독교문서선교회, 2011.

박계현. "신입사원 평균 나이가 33세? … 서글픈 '올드루키' 전성시대." 머니투데이. 2014년 12월 15일자.

박민균. "신행 불일치가 교회위기의 본질 실천 못하면 복음 땅 속에 묻혀." 기독신문. 2014년 11월 4일자.

박상돈. "한국인 근로시간 연간 2천163시간 … OECD 2위." 연합뉴스. 2014년 8월 25일자.

박용규. 한국기독교회사 1. 서울: 생명의말씀사, 2004.

박은조, "교회 개척 설립 전략에 대한 연구 -분당샘물교회를 중심으로-." D.Min. diss. Fuller Theological Seminary, 2002.

박준호. "판교 지역에서의 효과적인 교회 개척전략 - 판교 사랑의교회를 중심으로-." D.Min. diss., Fuller Theological Seminary, 2011.

배성우. "서울모자이크교회 박종근 목사: 작은 교회 '글로컬' 목회를 지향합니다." 목회와신학. 2013년 9월호.

_____. "신앙과 삶의 일치를 위한 창의적 몸부림." 목회와신학. 2014년 8월호.

백상현. "기감 서울연회 개척 교회 현황 보고서 … 개척 10년내 41%가 폐쇄, 나머지 절반도 재정 미자립." 국민일보. 2012년 2월 14일자.

송창근. "다음 세대에 예수의 빛을 비추는 블루 라이트 처치." 목회와신학. 2012년 6월호.

서화동. "한목협, 목사 500명 설문 '신자 78%는 신앙과 삶 일치하지 않아'." 한국경제. 2013년 5월 31일자.

성석환. 지역 공동체를 세우는 문화 선교. 서울: 두란노아카데미, 2011.

세상의빛교회 홈페이지. Online: http://www.fnlchurch.org

세움공동체 카페. Online: http://cafe.daum.net/yssharon

신동명. "목회자 신뢰도 '급감' … 도덕성 상실이 치명적." 기독타임즈. 2013년 4월 25일자.

신성남. "3000억 호화 예배당과 중세 삽질의 부활." 당당뉴스 칼럼. 2013년 12월 30일자.

안영혁. 작은 교회가 더 교회답다. 서울: 겨자씨, 2001.

안혜신. "다민족 다문화 국가로..대한민국 구성원이 달라지고 있다." 이데일리. 2014년 10월 7일자.

양민철 양인호. "1인가구 450만 시대, 골드싱글 1세대 노후가 두렵다 … 보건사회연구소 독신 보고서." 국민일보. 2014년 11월 13일자.

양희송. 가나안 성도, 교회 밖 신앙. 서울: 포이에마, 2014.

옥한흠. 길. 서울: 국제제자훈련원, 2003.

우석훈 박권일. 88만원세대. 서울: 레디앙, 2007.

우성규. "학업 취업 부담 … 젊은이들이 떠난다." 국민일보. 2008년 12월 10일자.

위키백과. "세속화". Online: http://ko.wikipedia.org/wiki/%EC%84%B8%EC%86%8D%ED%99%94

유경상. 크리스천 씽킹. 서울: 카리스, 2011.

유성준. 미국을 움직이는 작은 공동체 세이비어교회. 서울: 평단, 2005.

유양옥. "전통적 교회에서 셀을 중심으로 한 교회활성화 방안 연구." 신학박사 학위 논문, 총신대학교 목회신학전문대학원, 2012)

유충현. "저출산=저성장 악순환의 덫 한국경제 발목 잡아." 이투데이. 2014년 8월 28일자.

유해룡. "건강한 기독교적 기도." 목회와신학. 2013년 8월호.

윤근영. "천주교 인구 10년 전보다 74% 증가." 연합뉴스. 2006년 5월 26일.

이대웅. "교회 떠나는 사람들, 주로 서울 지역 청 장년." 크리스천투데이. 2011년 12월 3일자.

이병호. "'600만 비정규직 시대' … 지난해 대비 정규직과 차별 확대." 민중의 소리. 2014

년 10월 28일자.

이상홍. "공동체를 세우는 설교는 설교자와 회중의 공동사역이다." 목회와신학. 2012년 5월호.

이용권. "세 집 건너 한 집 1년새 '가정갈등' 경험." 문화일보. 2015년 2월 2일자.

이유진 오현태. "어릴 때부터 극한 경쟁 … 취업난 생활고의 연속 '청춘은 서글프다'." 세계일보. 2011. 12. 17일자.

이종필. "나의 목회 철학-세상의빛교회." 월간목회. 2014년 12월호.

_____. 하나님나라 관점으로 구약관통. 서울: 넥서스CROSS, 2014.

_____. 하나님나라 관점으로 신약관통. 서울: 넥서스CROSS, 2014.

_____. 하나님나라 쩨자훈련. 경기: 목양, 2016.

이진영. "'우울한 韓 청춘의 자화상' 결국 일자리가 핵심." 이투데이. 2014년 11월 8일자.

장남혁. 한국문화 속의 복음. 서울: 예영커뮤니케이션, 2010.

정갑신. "목회비전, 나는 이렇게 세웠다." 목회와신학. 2013년 12월호, 51.

정도일. "주간 통계 - '셀카'를 사랑하는 한국(1.11~17)." 동아일보. 2015년 1월 23일자.

정자연. "SNS·동호회는 취업 지름길?." 경기일보. 2014년 7월 30일자.

정천기. "2006 문화예술 ⑦ 종교." 연합뉴스. 2006년 12월 17일자.

정철근. "국제시장 세대와 미생 세대가 공생하려면." 중앙일보. 2015년 1월 5일자.

조성돈. "성장하는 교회의 4가지 동력." 목회와신학. 2012년 1월호.

주성준. 예수와 하나님나라. 서울: 혜안, 1995.

지호일. "한국 교회 신뢰도 또 추락 … 기윤실 "한국 교회의 구조적 문제가 원인"." 국민일보. 2010년 12월 15일자.

_____. "미자립교회 '빈곤 악순환' 고착화 … '건강한 교회'로 양육책 시급." 국민일보. 2009년 7월 29일자.

최광영. "도시 교회 성장을 위한 전도주일 프로그램 사례분석과 방안." 신학박사 학위 논문, 총신대학교 목회신학전문대학원, 2009.

최상태. 21세기 신교회론, 이것이 가정교회다. 서울: 국제제자훈련원, 2002.

최원준. "예배, 예전과 문화가 만나다." 목회와신학. 2012년 4월호.

최윤식. 2020 2040 한국 교회 미래지도. 서울: 생명의말씀사, 2013.

한국컴퓨터선교회. "한국의 복음화 지도(1~16회)." 국민일보. 2006년 8월 15~17, 20~25, 27~31, 9/15 일자.

황성철. 개혁주의 목회신학. 서울: 총신대학교출판부, 2004.

2. 외국서적

Bauerlein, Mark. 가장 멍청한 세대. 김선아 역. 서울: 인물과 사상사, 2014.

Belcher, Jim. 깊이 있는 교회. 전의우 역. 서울: 포이에마, 2011.

Berkhof, Louis. 조직신학 (하). 권수경, 이상원 역. 파주: 크리스천다이제스트, 1991.

Bright, John. 하나님의 나라. 김인환 역. 파주: 크리스천다이제스트, 1994.

Carnegie, Breckenridge Dale. 인간관계론. 최염순 역. 서울: 씨앗을 뿌리는 사람, 2004.

Chester, Tim and Steve Timmis. 교회다움. 김경아 역. 서울: IVP, 2012.

Clowney, P Edmund. 교회. 황영철 역. 서울: IVP, 1998.

Cole, Neil. 교회 3.0. 안정임 역. 경기: 스텝스톤, 2012.

_____. 오가닉 처치. 정성묵 역. 서울: 가나북스, 2006.

_____. LTG 삶을 변화시키는 소그룹. NCD 역. 서울: 도서출판 NCD, 2004.

Erickson, J Millard. 교회론. 이은수 역. 서울: 기독교문서선교회, 1992.

Frost, Micheal and Alan Hirsch. 새로운 교회가 온다. 지성근 역. 서울: IVP, 2009.

Gibbs, Eddie. 넥스트 처치. 임신희 역. 서울: 교회성장연구소, 2010.

Giles, Kevin. 신약성경의 교회론. 홍성희 역. 서울: CLC, 1999.

Goldsworthy, Graeme. 복음과 하나님나라. 김영철 역. 서울: 성서유니온, 2000.

Guder, Darrell. 선교적 교회, 정승현 역. 인천: 주안대학원대학교 출판부, 2013.

Haggard, Ted and Jack Hayford. 지역을 바꾸는 교회. 예수전도단 역. 서울: 예수전도단, 2002.

Harkin, James. 니치. 고동홍 역. 서울: 더숲, 2012.

Horton, Michael. 개혁주의 조직신학. 이용중 역. 서울: 부흥과 개혁사, 2012.

Hybels, Bill. 섬김의 혁명. 서원희 역. 서울: 두란노, 2004.

Jeges, Oliver. 결정 장애 세대. 강희진 역. 서울: 미래의 창, 2012.

Keller, Timothy. "다원주의 시대 속에 말씀선포." 목회와신학. 2012년 12월호.

Keller, Timothy and J. Allen Thompson. Redeemer Church Planting Manual. New York: Redeemer Church Planting Center, 2002.

Labberton, Mark. 제일소명. 하보영 역. 서울: IVP, 2014.

Ladd, George Eldon. 하나님나라의 복음. 박미가 역. 서울: 서로사랑, 2001.

_____. 하나님나라. 원광연 역. 서울: 크리스천다이제스트, 1997.

Leithart, Peter. 하나님나라와 능력. 안정진 역. 서울: 기독교문서선교회, 2006.

MacArthur John 외. 솔라 에클레시아. 조계광 역. 서울: 생명의 말씀사, 2001.

MacChia, Stephen. 건강한 교회를 만드는 10가지 비결. 김일우 역. 서울: 아가페, 2000.

Malphurs, Aubrey. 21세기 교회 개척과 성장과정. 홍용표 역. 서울: 예찬사, 1996.

Maxwell, John. 리더십의 법칙. 강준민 역. 서울: 비전과 리더십, 2003.

_____. 리더십 101. 김정희 역. 서울: 시그마프레스, 2011.

McKnight, Scot. 예수 왕의 복음. 박세혁 역. 서울: 새물결플러스, 2014.

_____. "이머징처치의 5가지 흐름들." 크리스채너티 투데이. 2007년 2월호.

Neill, Stephen. 기독교 선교사. 홍치모 역. 서울: 성광문화사, 1990.

Newbigin, Lesslie. 교회란 무엇인가. 홍병룡 역. 서울: IVP, 2010.

_____. 다원주의 사회에서의 복음. 홍병룡 역. 서울: IVP, 2007.

_____. 변화하는 세상, 변함없는 복음. 홍병룡 역. 서울: 아바서원, 2014.

_____. 오픈 시크릿. 홍병룡 역. 서울: 복있는사람, 2012.

Nouwen, Henri. 상처입은 치유자. 최원준 역. 서울: 두란노, 2001.

Peterson, Eugene. 껍데기 목회자는 가라. 차성구 역. 서울: 좋은 씨앗, 2001.

Rainer, Tom and Ed Stetzer. 교회혁명. 궁인 역. 서울: 요단출판사, 2012.

Ridderbos, Herman. 하나님나라. 오광만 역. 서울: 솔로몬, 2008.

Sanchez, Daniel and Edy Smith and 김종환. 재생산하는 교회. 박성창 역. 서울: 서로사랑, 2006.

Sine, Tom. 하나님나라의 모략. 박세혁 역. 서울: IVP, 2014.

Snyder, Howard. 교회 DNA. 최형근 역. 서울: IVP, 2008.

Stanley, Andy. 노스포인트교회 이야기. 윤종석 역. 서울: 디모데, 2014.

Toler, Stan and Alen Nelson. 파이브 스타 교회. 홍용표 역. 서울: 서로사랑, 2002.

Towns, Elmer and Douglas Porter. 세계 10대 부흥의 역사. 박현식·장기혁 공역. 서울: 가리온, 2002.

Wagner, C. Peter. 교회 개척 이렇게 하라. 서로사랑 편집부 역. 서울: 서로사랑, 2002.

_____. 일터교회가 오고 있다. 이건호 역. 과천: WLI KOREA, 2007.

Winter, Ralph D. 미션 퍼스펙티브. 정옥배 역. 서울: 예수전도단, 2000.

Wright, N Thomas. 마침내 드러난 하나님나라. 양혜원 역. 서울: IVP, 2009.